お客様の五感を刺激する!

飲食店の繁盛アイデア77

湖崎一義

同文舘出版

集客・業績アップ！

「五感刺激」の実践アイデア

鮮度感・本物感のある売り場

●精米機でお米の鮮度感をアピールしたステーキ・ハンバーグ店。

●本格的な薪窯ピザを訴求するため、わざと大量の薪を並べているイタリアン店。

●海鮮系なら、店内に生け簀を設置したり、魚を並べたりして市場感を出す。

新規客が入りたくなる店頭づくり

●外から中が見えると店内の雰囲気が伝わり、新規客にとっては入店しやすくなる。

●木のメニュー看板をわざと不揃いにつけることで、運転中のドライバーにも気になるお店となる。

●主力商品が書いてあるタペストリー、酒樽を設置。店頭で自店の主力商品を訴求して出数を伸ばそう！

手元まで見えるオープンキッチン

●炭火の焼き台の炎で五感を刺激。「撮影OK」のPOPをつけてSNS投稿を促している。

●オープンキッチン周りには何も置かず、調理している様子を見せることで、手づくり・できたての商品であることを伝えられる。

●商業施設内の店舗などは、オープンキッチンを通路に面するようにすると、店前通行客の食欲を刺激できる。

インパクト大！シズル感のある商品

●ハンバーグをアツアツの鉄板にチーズソースをたっぷりかけて提供。ジュージュー音と匂いと見た目でおいしさアップ！

●刺し盛りはドライアイスを使って提供することで、冷や冷や感を強調。

●海鮮居酒屋の貝の缶焼き。漁師料理のように提供することで、魚の鮮度感を訴求している。

●野菜のタワーの周りに肉を貼りつけ、ボリュームを出したしゃぶしゃぶ肉。

●海鮮バルのカルパッチョ。あえて器からはみ出る盛りつけでボリューム感を訴求する。

●高さのある盛りつけで、定番サラダも見栄え・おいしさ感アップ。

お客様の記憶に残る目の前最終仕上げ

●席まで台車で運び、チーズとパスタを絡める最終工程をお客様の目の前で行なう。

●デザートでは、表面をバーナーで炙るクレームブリュレなどを導入。

●うにのパスタは、トッピングのうにを乗せる工程をテーブルで実演。

主力商品が伝わる
メニューブック

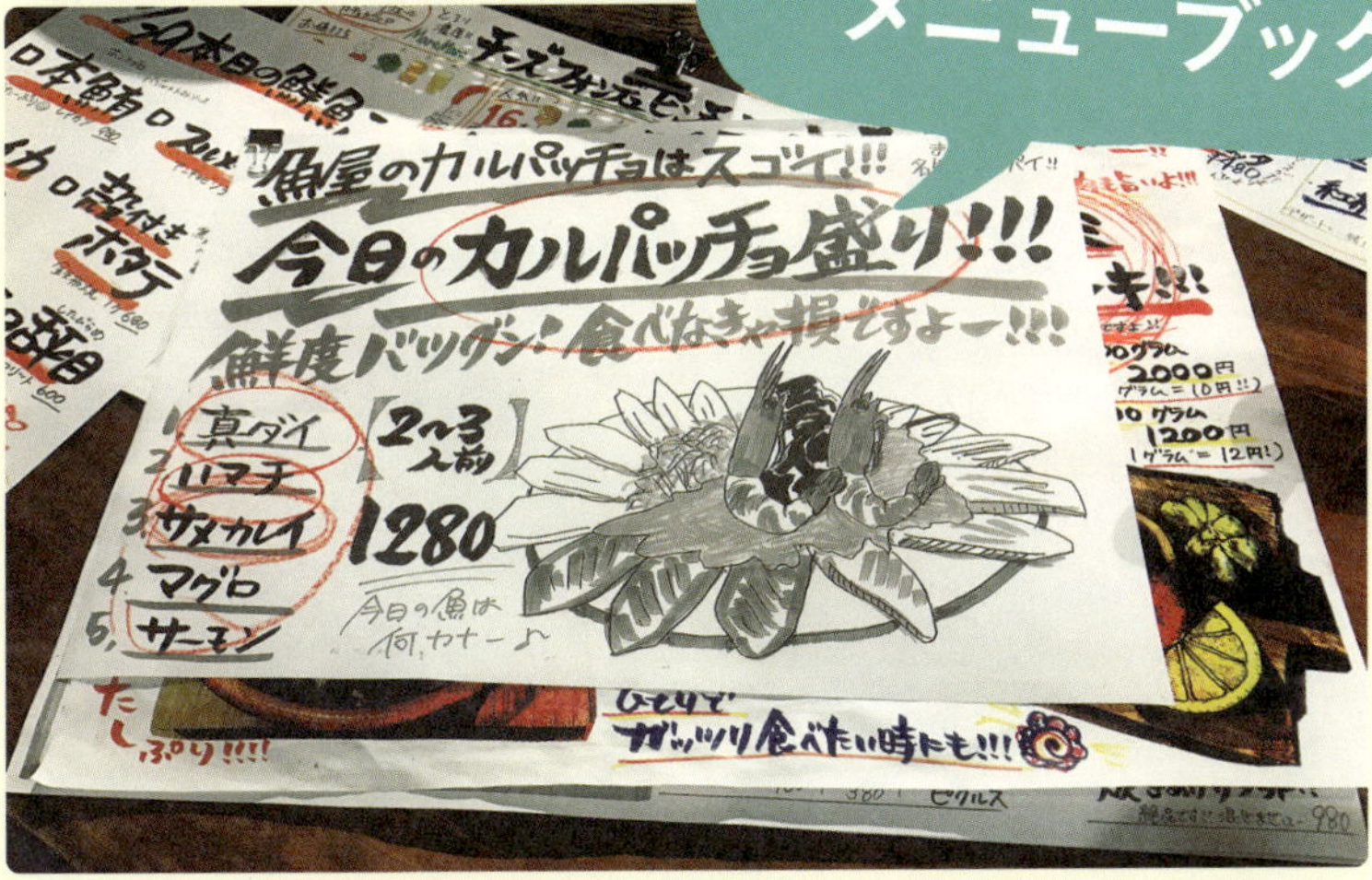

●主力商品はメニューブックの第一印象で訴求する。テーブルオンメニューの一番上に出すのも◎。

●横書きのメニューブックでは、左上が一等立地。自店の主力商品を大きく掲載し、売りであることを伝えよう。

●新聞折込チラシは地方のロードサイド店では有効。クーポン券をたくさんつければ、1回のチラシで複数回の来店を見込める。

ローコストで
客数を上げる
販売促進

●A4の透明封筒で送るDM。他店のDMの多くはハガキなので、自店の特徴が出やすく反響率もアップ。

●FAXDMは近隣の法人様に絞って、ローコストに配信しよう。

はじめに

いつもお客様であふれている大繁盛店、そんな強い飲食店は皆様の地域にもありますか？

その繁盛店が繁盛している理由を、あなたは説明できますか？


それは安いからでしょうか。

同じようなお店がないからでしょうか。

食べ放題という予算の安心感と満腹保証があるからでしょうか。

しかし、これらの理由では本当に強いお店とは言えません。同じような競合店が出てきたときに、お客様が分散してしまうからです。


では、最も強い飲食店とはどういうお店でしょうか？　それは、〝お客様が興奮する、楽しいお店〟だと私は思っています。

安いだけのお店、胃袋を満たすだけのお店では、お客様が興奮する、楽しいお店にはなりません。

しかし、今の日本にはそのようなお店も多数あります。

〝お客様が興奮する、楽しいお店〟は、お客様の「**五感を刺激する**」ことで実現できます。お客様の視覚、聴覚、嗅覚、味覚、皮膚感覚、この五感に訴えるような店づくりをしていくのです。

私が本書でお伝えする「五感刺激マーケティング」を徹底して実践すると、

・**郊外ロードサイドで5年間業績を伸ばし続け、年商2億円を超えたステーキ・ハンバーグ店**
・**商業施設内に立地し、店頭で天ぷらの実演調理を展開、25坪で年商2億円を超えたそば店**
・**地方のロードサイドにもかかわらず、鮮度感満載の売り場づくりで年商2億円超えの海鮮居酒屋**
・**繁華街で「三日五回炙りのとり皮」を一番商品として販売し、年商2億円超えの焼鳥居酒屋**
・**駅近の商業ビル3階で、「五感刺激のドミノ倒し」により年商1.5億円超えのイタリアン店**

などなど……。

これはごく一部ですが、圧倒的な成果を手にできるのです。

「五感刺激」の手法を使うと、年商1億円のレベルではありません。それよりももっと大きな成功を手にできます。

ところが、この手法は誰でも取り組めるのにもかかわらず、ごく一部のお店、会社しか気づいていません。実際、「五感刺激マーケティング」を実践している経営者の方からは、次のようなうれしいお声をいただいています。

①売上が持続的に伸び続ける

→楽しいお店だからリピーターがどんどん増える。

②利益が大きく残る

↓圧倒的な売上で営業利益率が20％を超えているお店も多数。

③シンプルで簡単

↓難しい調理技術はいらない。

④スタッフが育つ、定着する

↓おすすめ提案や目の前最終調理をするので、お客様に喜ばれる。仕事が楽しくなってくる。

⑤次の新店に向けて動き出せる

↓資金力がつくので、新たに出店していける。

しかも、この「五感刺激マーケティング」はすべての飲食店に有効ですし、一度身につけたら何度でも繰り返し使えます。

今はまだ小さな会社でも、この手法をマスターすれば、あっという間に大きくなることも可能でしょう。実際、この手法をマスターして、今では年商１０００億円超えの上場企業になった会社もあるのです。

本書では、できるだけ皆様が再現できるように、実際の写真や事例を多数盛り込みました。ご興味のあるところから読んでいただき、ぜひ今日から行動に移してみてください。

本書が皆様にとって繁盛への一助になることを心から願っております。

株式会社フードボロス　代表取締役　湖﨑一義

目次

2章 売り場づくりで徹底的に五感を刺激する

3章 メニューブックでおいしさ感をアップさせる

4章 商品にシズル感を付加して印象づける

5章 五感刺激の販売促進で反応率をアップさせる

6章 新規客が思わず入店したくなる店頭のつくり方

7章 接客でさらに五感を刺激していく

8章 五感刺激で繁盛する飲食店の人材育成

カバー・本文デザイン、DTP　三枝未央・中村美沙子

1章

繁盛し続ける五感マーケティングとは?

1 五感を刺激すると記憶に残りやすい

▼五感刺激で再来店の動機をつくれ！

この本で繰り返し出てくる「五感」とは、**視覚、聴覚、嗅覚、味覚、皮膚感覚**のことを指します。この五感を刺激することが繁盛店への近道です。

人も動物ですから、五感が刺激されると興奮し、その体験が印象に残ります。飲食店に来店されるお客様も同様で、五感を刺激されると、お客様はもう一度、その興奮体験を求めて再来店したくなります。つまり、この五感刺激の体験が、わざわざそのお店をめがけて来店するという**目的来店客を増やしていく**というわけです。

巷で繁盛しているお店の中には、立地がいいからとか、他に同じようなお店がないからとか、安いからなどの理由で流行っているお店もあります。

しかし、これらは理性的な理由で繁盛しているお店です。頭で考えて、都合がいいから行くといったような理由です。

私たちはそれよりも強い動機で行きたくなるお店を追求しているのです。理性よりも「興奮する、楽しいお店」をつくっていくというアプローチです。

もちろん、人間には理性がありますから、価格や競合店調査といった視点も繁盛には必要です。しかし、あくまで感情が先、理性は後だと思うのです。「あのお店は楽しいから、また行きたい」と思っていただくことが最優先です。

▼どんなお店でも通用する最強の手法

この五感刺激マーケティングは、どんなお店でも、どんな立地でも、**安売りすることなく、実践すれば必ず成果があがる**というのが最大の特徴です。なぜなら、お客様の本能を刺激するやり方だからです。

うちは個人店だから関係ないとか、お金がないからできないということはありません。商品のおすすめ提案や手書きのメニューブック、商品のシズル感強化、目の前最終仕上げなど、ほとんどお金はかかりません。誰でもできますし、必ず成果もあがります。

新規客がリピーターになる流れ

新規客

チラシ、ポスティング、地域情報誌、FAXDM、ビラ配り、駅貼りポスター、グルメサイト、SNS、プレスリリース、店頭、口コミ……などから来店。

↓

差別化を体感

売り場や商品、接客などで五感を刺激し、他店よりもすぐれている魅力を体感してもらい、「また来たい」と思っていただく。

↓

リピーター

前回の興奮体験をもう一度味わいたくて再来店する。前回と違うメンバーで再来店することもあるため、新規客も同時に増えていく。

POINT

他店と同じような魅力ではファンにはならない。他店と違う「差別化ポイントの体験」がリピートにつながる！

2 刺激できなければ意味がない！

▼「やっている」と「やりきっている」は違う

「うちはオープンキッチンですし、それなりに五感刺激をやっています」と言うお店は少なくありません。しかし、実際現場を見に行くと、全然できていないことが多いのです。

せっかくのオープンキッチンなのに、カウンターの衝立が高く、手元まで見えない。商品もそれなりにボリューム感があるが、記憶に残るほどではない。そんなお店が山ほどあります。

今は、お客様の五感を刺激するには、記憶に残るレベルが求められています。**「一応やっている」レベルでは意味がありません。**やりきることが重要です。

例えば、カウンター越しにキッチンがあるラーメン屋さん。調理スタッフの顔は見えているが、手元は見えない場合、追加の工事で衝立を低くしてください。調理している手元まで見せることで、お客様の視覚を刺激するのです。

お店側としてはキッチンの整理整頓や調理の熟練が求められますが、逆にそれが調理スタッフの緊張感を高めてくれます。

▼お店の都合を優先させると中途半端になる

五感刺激のやり方を提案すると、クライアントから「そこまではちょっと難しい」と言われることがあります。例えば、キッチンの整理整頓ができていないから、手元まで見えるオープンキッチンは難しい、これ以上原価率を上げたくないので、ボリューム感のある商品は難しい……などです。

しかし、これらはいずれも**お店側の視点**です。お客様のことを最優先に考えれば、キッチンは手元まで見えるほうがいいですし、商品もボリューム感があるほうがいいのです。

もちろん、お店の都合も考慮する必要はありますが、あくまで最優先はお客様。まずはお客様が興奮する、楽しいお店をつくることが先です。その後でオペレーションや原価などを考えていきましょう。お客様にとって理想のお店を追求する姿勢を崩してはいけません。

五感を刺激しなければ意味がない

POINT　オープンキッチンだが、カウンター席に座っても、目の前の衝立が高くて手元まで見えない。これでは五感を刺激できない。

3 人はそれぞれ五感の優先度が違う

▼五感の重要な3つのタイプ

人はそれぞれ五感の中で、特に優先している感覚を持っています。主に、**「視覚優位」「聴覚優位」「皮膚感覚優位」**の3つのタイプに分けられます。

「視覚優位」の人は、話すスピードが速く、目線は上を見がちです。よく使う言葉は、見る・注目する・明るいなどのイメージによるものです。

「聴覚優位」の人は、話すスピードは普通ですが、目線は横にきょろきょろ動きがちです。よく使う言葉は、聞く・耳にする・うるさいなどの音によるものです。

「皮膚感覚優位」の人は、話すスピードは遅く、目線は下を見がちです。話の内容は、感じる・触る・おいしいなどの感情的な表現が多い傾向にあります。

このように、人にはそれぞれ得意な五感があります。「視覚優位」の人は視覚情報が印象に残りやすいですし、「聴覚優位」の人は聴覚情報が残ります。「皮膚感覚優位」の人は身体に触れるものや食感などが印象に残りやすいといえます。

▼飲食店では、すべての五感を刺激するべき

飲食店ではさまざまなタイプの人が来店されるので、基本的にはすべての五感を刺激するべきです。

見ただけでおいしさ感のある売り場や商品（視覚）、調理している音や鉄板がジュージューしているようなシズル音（聴覚）、そして食器の温度や商品の温度、食感（皮膚感覚）なども意識して設計しましょう。

これに加えて、味の濃さ（味覚）、調理の匂い（嗅覚）も刺激していきましょう。ここまでやりきっているお店はなかなかありません。

飲食店における五感刺激とは、基本的に**おいしさ感、本物感の訴求**です。

それは聴覚優先の人のために、高額なスピーカーをとりつけるということではありません。例えば、イタリアンレストランだったら、有線放送を適当に流すのではなく、カンツォーネを流して本物感を出すといったことです。

五感の優先度

	視覚優位	聴覚優位	皮膚感覚優位
話す速度	速い	中間	遅い
呼吸	胸	中間	腹部
目の動き	上向き	横向き	下向き
よく使う言葉	見る 注目する 見解 明るい イメージ	聞く 耳にする 響く うるさい 音	感じる 触る 腑に落ちる おいしい 感覚

POINT

飲食店にはいろいろなタイプのお客様が来店されるので、五感をまんべんなく刺激するようにしよう。

4 五感刺激のドミノ倒しでどんどん業績がアップする

▼五感刺激の連鎖をつくれ！

五感刺激はドミノ倒しのように、いくつもの刺激が連鎖していくことで、人の心をわしづかみにします。オープンキッチンだけとかシズル感のある商品だけなど一部分だけ取り組むのではなく、なるべく多くの五感刺激に取り組む必要があります。

例えば、私が所属する五感コンサルティンググループのクライアント先にハローキッドという大繁盛ハンバーグ店があります。年商は2億円をゆうに超えるこの繁盛店は、まさに五感刺激の連鎖ができています。

まず入店第一印象では、手元まで見える焼き台があり、店内には薪の香りが出ています。また、商品は目の前でソースをかけるシズル提供で激しく音を立てます。そして食べると、超粗挽きのハンバーグであるため、食感が印象に残ります。見事に五感刺激の連鎖でファンになってしまいます。

その結果、このお店は年商2億円超えを達成し、今でも伸び続けています。五感刺激マーケティングに取り組んでいない5年前までは年商1億2000万円だったそうですから、実に5年で年商1億円アップさせたということになります。

▼1回の食事で3回以上の五感刺激がほしい

1回の激しい刺激よりも複数の五感刺激でお客様の心をわしづかみにしましょう。その目安は**1回の食事で3回以上**です。ポイントは、なるべくいろいろな角度から五感を刺激していくこと。商品だけに偏ったり、売り場だけに偏らないようにしましょう。例えば、入店第一印象を決めるオープンキッチン、商品のおすすめ提案、商品のシズル提供など、複数の方法で五感を刺激していきます。

そのためには、どうお客様の印象に残すのかというシナリオづくりをしてください。それを構築することで、業績は持続的に伸びていきます。クライアント先には東証一部上場の大手チェーン店もありますが、そんな大きな会社でも五感刺激のシナリオづくりに取り組んでいるのです。

五感刺激のドミノ倒し（ハンバーグ店の場合）

①入店直後、肉を焼いている実演調理を見て…

「炭火焼きのハンバーグだ！　いい匂い。おいしそう！」

視覚　聴覚　嗅覚

↓

②熟成肉の冷蔵ショーケースを見て…

「熟成肉まで食べられる専門的なお店なんだな」

視覚

↓

③メニューブックで一番商品を見て…

「すごいアツアツでおいしそうだな」

視覚

↓

④セットのサラダの器を触って…

「お皿まで冷えていて気がきくな」

皮膚感覚

↓

⑤ハンバーグの目の前最終仕上げで…

「すごいジュージューいっている。アツアツでおいしそう」

視覚　聴覚　嗅覚

↓

⑥ハンバーグを一口食べてみて…

「このハンバーグ、すごく肉肉しいな。中はレアで赤いな、新鮮なんだろうな」

味覚　皮膚感覚　視覚

↓

⑦ハンバーグを食べ終わって…

「今日は肉食べた！　満腹だな～！」

皮膚感覚

↓

⑧お会計時…

「お値打ちだし、また来たいな！」

5 五感刺激は最先端のマーケティング

▼一流企業は五感刺激の重要性に気づいている

五感刺激マーケティングは、業種の垣根を越えて、実は多くの一流企業が取り組んでいます。

例えば、ダイソンの掃除機です。デザイン性ばかりが注目されがちですが、あのデザインも埃がよくとれているのがよく見える（視覚）つくりになっていますし、吸引しているときの音も他の掃除機よりも大きめ（聴覚）です。ですから、ダイソンの掃除機を使うと何かよく掃除できている実感があるのです。これが埃も見えずに音も小さかったら、その実感は伴うでしょうか。

フェラーリのあの大きなエンジン音も、一度経験すると脳裏から離れず、あれでないといけないというファンがいるのです。

また、最近では、映画館も３Ｄから４Ｄに進化してきていますね。映像を見ながら風が出てきたり、水しぶきがあったりと、映像と音だけでなく、体全体で感じる映画になってきています。より五感刺激型になってきているのです。

▼日本の飲食店は遅れている

そういう視点でいうと、まだまだ日本の飲食店は遅れています。五感刺激という意味では、そこまで徹底的にやっているお店はまだ少ないといえます。だからこそ、**それを先取りして徹底的にやっているお店が大きく業績を伸ばしている**のです。

しかも、この五感刺激マーケティングは業態を問わず効果を発揮しています。居酒屋、寿司店、焼肉店、ラーメン店、うどん店、そば店、イタリアン店、鉄板バル店……すべてです。

この五感刺激マーケティングはこれからさらに大きく注目されることでしょう。なぜなら、その重要性に気づいているごく一部のお店や会社が今、急速に伸びているからです。そして、多くのお店や会社が気づいていない今だからこそ、読者の皆さんにはこのマーケティング手法をいち早く実践し、先駆者メリットを享受してほしいと思っています。

五感刺激マーケティングでヒットしている企業例

①ダイソン（掃除機）

……透明なデザインと吸引音が大きいことにより、ゴミを吸っている実感がある。

②BMW（自動車）

……「駆け抜ける喜び」をブランドコンセプトに、エンジンにこだわり続け、走りのスムーズさがある。

③アパホテル（ビジネスホテル）

……快眠を追求し、全米トップのシーリー社と共同開発したオリジナルベッド。まるで雲の上のような寝心地である。

④らぽっぽ（菓子）

……駅構内で焼きたてのアップルパイを提供。そこから出る匂いで食欲を刺激される。

⑤丸亀製麺（うどん）

……打ちたて、湯がきたてのうどん、揚げたての天ぷらの調理実演がよく見える。調理中の音や匂いも同時に刺激している。

6 五感を刺激しないものは排除する

▼クローズドキッチンではダメ

売り場づくりで最もやってはいけないのは、クローズドキッチンです。飲食店で五感を刺激する上で、重要なポイントになるのがキッチンです。キッチンがクローズだと、そこで刺激を与えることはできません。実にもったいないことです。**キッチンはオープンにして手元まで見せ、視覚、聴覚、嗅覚を刺激してください。**そこでまずは大きくポイントを稼ぎましょう。

キッチンをクローズにしているお店も多いですが、それはお店が手づくり料理ではないとか、調理人がアルバイトだからとか、そういったお店の不都合なところを隠す理由がほとんどです。お客様からすれば見えたほうがおもしろいのは、実は多くの方がわかっていると思います。

では、**その不都合なところをどう本物っぽく見せていくかに知恵を絞りましょう。**アルバイトスタッフでも毎日実践すれば熟練していきます。白衣を着せて帽子を被れば、本物の調理人っぽく見えます。そういう工夫をしていきましょう。

▼なるべくタッチパネルを避ける

タッチパネルは、五感刺激の視点でいうと、頼らないほうがよいでしょう。**お客様へのサービスの場面は、五感刺激のポイントを稼げるところ**です。

タッチパネルに頼り始めると、サービスの意識が薄くなり、ホールスタッフは、料理を運ぶだけの仕事になりがちになります。それでは接客面で差別化できません。あくまでサービスをするのが飲食業のホールスタッフの仕事です。タッチパネルはそれを遠ざける行為なのです。

料理を運ぶだけのホールスタッフは、すぐに辞めてしまいます。仕事には突き詰めていける、向上心を刺激する何かが必要です。ですから、実はタッチパネルのお店は、ホールスタッフの離職率も高い傾向にあるのです。人が辞めないお店にするには、サービスを追求できる環境、やりがいを感じる仕事が必要なのです。

飲食店で排除したほうがいいものとその理由

①クローズドキッチン

お店全体で五感を刺激できないため、お客様を興奮させることができない。手づくりでできたての料理という付加価値をわかりやすく伝えられない。

②タッチパネル

従業員がタッチパネルに頼るため、育ちにくくなる。その結果、自店のおすすめメニューの提案など差別化商品への誘導が難しくなる。

③個室

外食ならではの人のかたまりによる売り場のにぎわい感が伝わらない。ファミリーで個室に入ってしまうと、家で食べている雰囲気とさほど変わらなくなってしまう。

POINT

お店の都合を優先させると、五感を刺激できないお店になってしまう。普段の生活では体験できない“興奮する空間”をつくっていこう。

7 ストーリーを感じる飲食店が繁盛する

▼コンセプトのつぎはぎでは繁盛しない

飲食業界でよくあるのが、流行っているお店の真似をすることです。私は、それ自体は悪いとは思いません。飲食店に限らず、他の商売でも売れているものを真似することは当たり前になっています。

しかし、よくないのは、コンセプトのまったく違うA店とB店の真似をして、その結果、よくわからないお店になってしまうことです。

例えば、ある会社の経営者が焼鳥居酒屋の繁盛店A店を見て、その真似をしたとします。また別の機会に海鮮居酒屋B店で迫力のある刺し盛りを見て、それをお店に導入した。その結果、刺し盛りはそれほど出ないが、根強いファンがいるため、そのまま提供し続けている……。

はっきり言いますが、これは間違いです。刺し盛りをメニューに入れてそれがあまり出ないと、鮮度が劣化していきます。お客様は鮮度の低い刺身を食べることになり、おいしさを感じません。ただメニューにあるから、魚好きなお客様が注文するだけの商品になってしまいます。

▼繁盛店のその奥にあるコンセプトを考える

私たち五感コンサルティンググループのクライアント先に、120席で月商2000万円を売る超繁盛焼鳥居酒屋があります。このお店では「3日仕込みで5回炙りのとり皮」を名物に、銘柄鶏を使用したおいしい炭火焼鳥が提供されています。しかし、それだけではここまで売れません。実は、**その奥にあるコンセプトが繁盛につながっている**のです。

このお店はおいしい焼鳥の他に、かまどで炊いたご飯、鮮度の高い日本酒などを提供しています。売り場は席間が狭く、にぎわい感があり、内装は木や畳など和の雰囲気があります。実はこのお店の、その奥にあるコンセプトとは、「古きよき昔ながらの居酒屋」なのです。おいしい焼鳥は当然のことながら、昔ながらの居酒屋を体験してもらうというコンセプトに、お客様は何となく懐かしさを感じて足を運ぶのです。

懐かしさを売りにしたお店の例

POINT　何となく懐かしさを感じる、昔ながらのコンセプトが売りの焼鳥居酒屋

8 まずはお金のかからないところから始めよう

▼ローコストでできる工夫はたくさんある

五感刺激マーケティングの中で最もお金のかかるのが、売り場づくりです。オープンキッチンなどの施策は、集客力アップには大きな成果がありますが、費用もかかります。

それが大きなハードルになるのであれば、まずはローコストでできることから始めましょう。

例えば、既存店の業績を上げたいときは、メニュー、商品、接客、そして販売促進から着手します。最初の段階ではまったく売り場をさわらなくても大丈夫です。それでも業績は上がります。

私は飲食店のコンサルティングを13年以上やっていますが、既存店活性化の場合は、まずは売り場をさわらずに業績アップを目指すことがほとんどです。そこで少し成果が出てきたら、看板を変更し、そして最後に売り場もさわっていくというステップに入ります。

お客様の五感を刺激するというと、一見、売り場づくりが最も大事なように聞こえますが、メニューも商品も接客も同じように重要なのです。

▼新しい引き出しは常に開発される

この本では、77の具体的な五感刺激マーケティングのアイデアをお伝えしていますが、これがすべてではありません。**五感を刺激する方法は無限にある**と思っています。

実際、私たちも新しい手法を毎年開発して、セミナーや研究会で発表しています。あなたも新しい五感刺激のやり方をぜひ考えてみてください。

五感刺激とは、人間の本能を刺激することであり、時代が変わっても、そのやり方は未来永劫効果を発揮するものです。

五感刺激マーケティングは一過性ではない、本質的なマーケティング手法です。時代が変わっても通用し、価格競争とは違い、仕入れ力や資金力がなくても取り組めます。

この手法はそれだけで他店と差別化できます。とにかく、早く取り組んだもの勝ちなのです。

0円でできる業績アップ策

0円でできる業績アップ策	●一番商品や主力商品のおすすめ提案（接客） ●目の前最終仕上げ（接客） ●手書きおすすめメニューの導入（メニューブック） ●商品のブラッシュアップ（商品） ●SNSの活用（販促）
ローコストでできる業績アップ策	●メニューの変更（メニューブック、商品） ●新メニュー、新商品の導入（商品） ●チラシ、FAXDMなどの実施（販促） ●グルメサイトの活用（販促） ●入店第一印象の強化（食材陳列など）
お金のかかる業績アップ策	●店頭のリニューアル ●売り場のリニューアル

POINT

五感刺激マーケティングはお金のかかるものばかりではない。お金のかからないものから始めて、成果が出てきたら、店頭や売り場の改善などお金のかかる取り組みをしていこう。

COLUMN 1 頭で考えすぎると、繁盛店にならない

繁盛店になるためには、まずお客様を"興奮"させなければいけません。商品の鮮度やボリューム、シズル感、お値打ち感、お店全体のシズル感、雰囲気、気のきいたサービス力……などを感じてもらって"興奮"させること。それが差別化です。

しかし、これを忘れてすぐ計算走ってしまう経営者、経営幹部が少なくないのです。集客と計算は別々で考えてください。

もちろん、計算もします。しかし、いつも計算は「後」です。計算ばかりして、普通の商品ばかり開発しても集客力はアップしません。仕入れの努力をして、その上で興奮する商品を開発する。その商品を見て、食べて値付けをする。

その後に原価計算。合わなければ、商品の魅力が落ちないように経費調整。もしくは売価調整。この順番です!

商品開発をする際に、いきなり売価、原価の計算というのは絶対にやめてください。なぜなら、「普通の商品」になってしまうからです。

最初に計算すると、大抵心の中でこうなります。

「これくらいの価格にしないと原価が合わないな」

「売価をこれくらいでいきたいから、原価は○○円までにしないといけないな」

ここから商品開発がスタートすると、大概、「普通の商品」のできあがりです。

商品の話ばかりになってしまいましたが、それ以外のところでも同じです。

お客様が"興奮"する売場はこっち。でも、経費がかかる。お客様が喜ぶサービスはこっち。でも、人件費が増える。

集客力を高める施策と経費の話は、常に別々で考えるようにしてください。まずは本当にお客様が"興奮"するのはどっちかという目線だけで、あらゆる物事を考えるのです。次に、経費。それから優先順位を決めて実行していく。これが正しい順番です!

飲食店以外でも、苦戦している総合スーパーなどを見ていると、利益優先に走りすぎた結果、競争力がなくなってきたなと感じます。もっと付加価値の追求をしていかないと、これからは大きな企業でも潰れていくでしょう。

まずは「本能を刺激する」。ここからすべて発想していきましょう。

2章

売り場づくりで徹底的に五感を刺激する

9 入店すぐの入口で調理実演せよ！

▼第一印象が大事

飲食店において最も重要なことの一つが**入店第一印象**です。入ってすぐにおいしそうだな、ワクワクするなと思ってもらえるかどうかで、その後の印象も大きく変わってきます。

入店後すぐにオープンキッチンでの調理実演を見てもらえれば、「本格的な料理が出てきそうだな」「手づくりでできたての料理を出すお店だな」、白衣を着たスタッフのかたまりも見えるので、「職人がつくっている専門店だな」など、視覚や聴覚を通じて商品や技術の本物感を感じてもらえます。

これが入口から離れた奥のほうで、あまり人目につかないところでやっても、本物感をすべてのお客様に訴求することができません。はっきり言って、こういうお店のレイアウトはもったいないのです。**オープンキッチンはできるだけ入口に持ってくる**ことがポイントです。

▼動線でわざとキッチンへ誘導する

しかし、新店やリニューアルで、キッチンの位置を変えるとなると、今度はコストが大きくかかってしまいます。中小企業ですと、これは大きな問題でしょう。

そこで、あまりお金をかけずに第一印象で本物感を感じてもらうために、わざと動線をキッチンまで引っ張るという方法があります。

例えば、もともとキッチンが入口から反対の一番奥にある場合、入口からの動線をキッチンまで引っ張って、すべてのお客様がキッチンの前を通るようにしてしまうのです。そこを必ず通ってから着席してもらうことで、第一印象での商品や調理に対する本物感を訴求できます。

「メラビアンの法則」で言われているように、人は見た目が重要です。その点においては飲食店も同じです。第一印象でこのお店すごいな、本物だなと思ってもらえれば、その後もがっかりさせない限り、いいイメージで過ごしてもらえるのです。

お店の印象を決める入口の工夫

POINT

そば店の入口。右手に天ぷらを揚げているところ、正面にそばを湯がいているとこを見せている。

調理実演を店頭に持ってくることで、店前通行客の五感刺激もできる。

10 調理実演はピークタイムの稼働率で選ぶべき

▼入口付近に製麺場を持ってくるのはよくない

うどん店やラーメン店などに行くと、入口すぐの場所に製麺所を設置しているお店を時々見かけます。しかし、ピークタイムに行くと、いつもそこに人は立っていません。ピークタイムは営業を回すのに精いっぱいで、製麺などしている暇はありません。製麺所が稼働しているのは、いつもアイドルタイムなのです。

これはもったいないことです。入店すぐというのは、お店の中で最も重要な場所です。そこが効果的に機能していることがお店の魅力を高めてくれるのです。ですから、ピークタイムにもぬけの殻になっている製麺所は、そもそも入口付近に持ってくるべきではありません。

入口にはピークタイムでも調理人が立って、しっかり稼働するものを持ってきたほうがいいのです。うどん店やそば店なら、大型の羽釜や銅加工の丸型フライヤーなどがよいでしょう。**入口すぐの調理実演は、ピークタイムに動くもの**という視点で設計してください。

▼熱のあるものを持ってくると印象に残りやすい

海鮮居酒屋などで入店すぐのところに何を持ってくるのがベストかというと、私は**焼き台**をおすすめしています。海鮮炉端を主力メニューとし、炭火の焼き台を入店第一印象にするのです。焼き台は、**煙や調理の音、匂い、熱なども発するので、最も五感を刺激できるポジション**といえます。

それに対して、刺身や寿司などの刺し場は、主力メニューですが、実演の強烈さ、印象に残るかという意味では焼き台と比べると少し劣ります。ですから、刺し場は焼き台の隣あたりに持ってくるのがいいと考えています。

焼鳥、串揚げを主力メニューとした居酒屋でも考え方は同じです。フライヤーよりも焼き台のほうが五感を刺激できます。ですから、炭火の焼き台を入口に持ってきて、フライヤーはその隣か少し奥のほうに持っていくといいでしょう。

熱さや煙で繁盛感を印象づける

POINT 香川県の海鮮居酒屋の繁盛店、浜海道。
入店第一印象には焼き台を持ってきている。

11 食材を見せて鮮度や本物感を売る

▼海鮮系では生け簀やアイスベッドを設置せよ

今、この時代において、食材の鮮度は集客力に直結します。仕入れや営業の工夫で、鮮度の高いものをお値打ちで提供しているお店は、たいてい繁盛店になっています。

その鮮度の高さをわかりやすく伝える方法が、海鮮系なら、生け簀やアイスベッドになります。魚がたくさん入った生け簀を見せることで、目の前の魚がすぐに調理されて出てくるお店というストーリーを感じさせるのです。特に、動きのあるアジを大漁に入れておくと見映えのする生け簀になります。

ただし、3段生け簀などになると、数百万円のコストがかかってきます。導入がすぐには難しいというお店は、**発泡スチロールや箱に魚を入れて、ローコストで鮮度感を訴求しましょう。**

その際は、手書きのＰＯＰも貼って本日入荷した感じを出しましょう。

▼肉はネタケースや冷蔵ショーケースを設置せよ

焼肉店や焼鳥店でも食材を見せましょう。焼肉店なら、冷蔵ショーケースに肉の塊を並べます。

中目黒のツイテルという肉バルの超繁盛店は、入店すぐのところに熟成中の冷蔵ショーケースを多数設置しており、そのお肉に囲まれて店内に入っていくという動線になっています。お客様すべてに熟成肉が売りのお店というのが伝わるレイアウトになっているのです。

焼鳥店なら串打ちされた鶏肉、いろいろな串焼き商品をネタケースに入れて訴求していきましょう。ネタケースから食材を取り出し、それをそのまま炭火で焼いて提供します。そうすることで、本格調理の焼鳥というのが伝わります。

こういった肉の冷蔵ショーケースやネタケースは、できるだけ大きいほうが印象に残ります。小型のものをひっそり置いてもあまり効果はありません。スペースの確保も必要ですので、リニューアルや新店のときに思い切ってやってみましょう。

生け簀や冷蔵ショーケースで鮮度をアピール

POINT アジは動きが速いため、生け簀に入れると見映えがする。

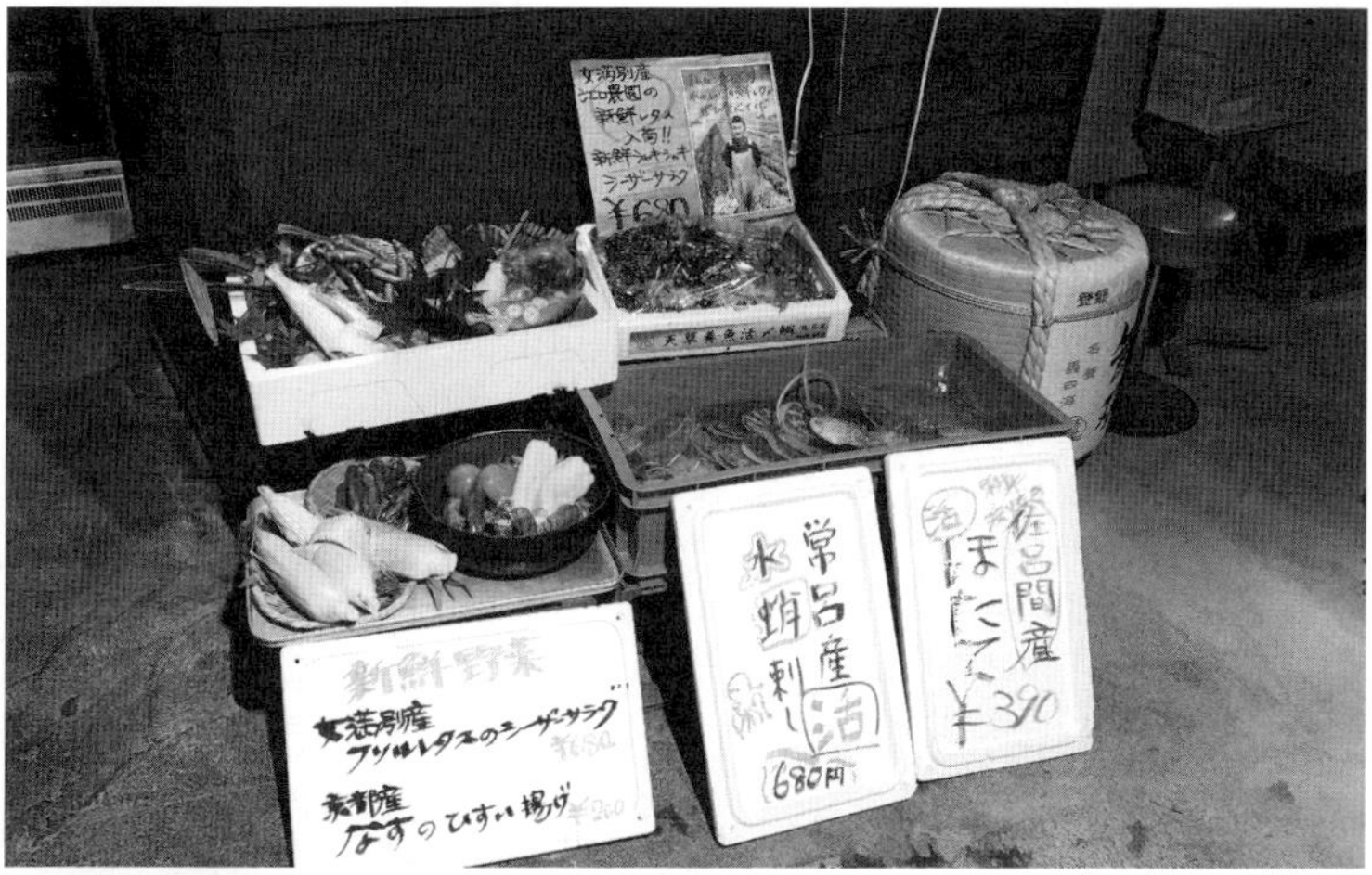

POINT 店頭で発泡スチロールやケースなどに材料を入れて見せている。ローコストでも鮮度感を表現することはできる。

12 手元まで見えるオープンキッチンで刺激する

▼衝立、ガラスも外したほうがいい

今や多くのお店が採用しているオープンキッチンですが、そのやり方、見せ方によって、お客様に与える印象は大きく異なります。

例えば、ラーメン店に行くと、オープンキッチンではあるが、カウンター席とキッチンの間に衝立があり、調理人の手元までは見えない。目の前で調理しているのはわかるが、肝心の一番見たい手元が見えない……といったお店が多いのです。

ピークタイムのキッチンは食材が出しっぱなしなど散らかっているので、なるべく見せたくないという店側の心理が影響しているのでしょう。しかし、それではお客様を興奮させるまでにはいきません。

私たちのクライアント先では、**カウンター席とキッチンの衝立は外して、手元まで見せる**ように指導しています。焼鳥店では焼き台の前に煙対策でガラスをはめるお店が多いのですが、それも外すようにお願いしています（もちろん、煙が客席に出ないように工夫はしています）。

▼カウンター席とキッチンの距離にもこだわる

カウンター席と調理実演の距離にもこだわりましょう。例えば焼鳥店では、キッチンの奥のほうで焼くのではなく、カウンター席の目の前で焼くのです。そうすることで、目の前のお客様の脳裏にお店の印象が強烈に残ります。

脳裏に焼きつけば、後日思い出し、再来店につながる確率が高まります。どうやって印象に残すかについては妥協してはいけません。

手元まで見えるオープンキッチンは、五感刺激の観点でいうと、視覚と同時に聴覚や嗅覚も刺激します。調理の音や匂いは近いほど強烈に感じるのです。

私がたまに行く大阪の繁盛ラーメン店では、カウンター席とキッチンの距離が非常に近く、テーブルにPOPで「お湯が飛ぶことがあります。ご注意ください」と書いてあります。お湯が飛んでクレームになるリスクよりも、五感刺激を優先させている好例です。

オープンキッチンの効果的な見せ方

POINT　衝立もガラスもない焼鳥店のオープンキッチン。お客様の脳裏に残る。

POINT　天ぷら定食店のオープンキッチン。揚げている手元までよく見える。

13 飲食店と市場を融合させる

▼市場のイメージで強烈な鮮度感を出す

先ほど、売り場の中にも鮮度感を訴求することが重要だと言いましたが、それをもっと強化する方法として、**お店と市場を融合させる**という方法があります。

香川県高松市の繁盛海鮮バルであるマレマレでは、店内のカウンターの上に器や段ボールに入った魚介類や野菜などの食材がずらっと並べられています。これによって市場感を出しているのです。市場の中にお店があるというようなイメージを出すことで、お客様には鮮度感の強いイメージづけができます。

これからの時代は、鮮度感の強いイメージをお客様に持ってもらうことが集客力につながります。そのためには、魚屋がやっている海鮮居酒屋、肉屋がやっている焼肉店などのイメージづけが理想的です。

その方法として、海鮮居酒屋なら、店内に発泡スチロールに入ったマルの魚やマグロの頭、殻つきの貝類を見せる、メニューブックはすべて手書きにする、商品は桶で提供するなどが検討できます。

焼肉店なら、肉屋がやっている雰囲気を出すために、肉の大型ショーケースを入れて、部位やブランド牛ごとに肉の断面図をずらっと並べて見せるなどです。

▼本場イタリアから持ってきたようなイタリアン

大阪に本場イタリアを彷彿とさせる繁盛イタリアンがあります。そのお店は本格イタリアンの雰囲気づくりが上手です。

まず店頭のショーケースには自家製ハムが多数ぶら下げられています。日本ではあまり見かけませんが、イタリアの繁盛バルではよく見る光景です。

そして、入店すぐにはイタリアンジェラートのショーケースがあり、店内の壁面の棚にはずらっと100本以上のワインボトルが陳列されています。

店内のPOPには、イタリアで撮影された野菜や果物が山積みの市場の写真、イタリア修業時代の料理人の写真が多数掲載されています。もちろん、ピザの石窯も見えます。イタリアンの市場感、本物感を上手に表現して繁盛している楽しいお店です。

店内に市場をつくる

POINT　マレマレでは、キッチンとカウンター席の間に殻つきホタテや段ボールに入ったエンドウ豆などの野菜類を陳列し、市場感を出している。

14 わざと古い厨房機器を選んで本物感をアップする

▼最新厨房機器が逆にデメリットになる⁉

外食産業では毎年、機能性の優れた新しい厨房機器が登場します。そういった新しいものを上手に取り入れて生産性の向上につなげたり、スピードアップにつなげるのは正しい考え方だと思います。しかし、そもそものお店のコンセプトと合致しないものや、逆に五感を刺激しないものはおすすめしません。

香川県におくどさんという海鮮食堂があります。コンセプトは「魚ばぁさんの食堂」。看板にもそう書いてあります。従業員はほぼパートの主婦の方たちで、おばちゃんがつくる海鮮食堂として繁盛しています。

このお店では、わざと旧式の炊飯器を採用しています。旧式のほうが昔ながらの食堂というコンセプトに合致しますし、蒸気がしっかり出るので、お客様にも炊き上がりが一目でしっかり伝わるからです。

例えば、イタリアン店でもピザ窯は赤などの派手なデザインではなく、グレーの石の色をそのまま再現したものをわざと使うなどして、本場イタリアのピザのような本物感アップを意識しています。

▼特注の銅加工した丸型フライヤー

お店の本物感アップのために、私がよく提案しているのが**銅加工した丸型フライヤー**です。これは機能的には普通の電気フライヤーなので、素人でも少し訓練すればおいしい天ぷらを揚げることができます。

フライヤーが見えるよりも、天ぷら鍋が見えたほうが天ぷらの本物感はアップできます。そこで、丸型フライヤーの丸い部分に上から銅加工をして銅鍋っぽく見せるのです。

すると、お客様から見れば銅鍋で揚げているように感じるので、料理の本物感を訴求できます。うどん・そば店やとんかつ店でも有効な方法です。

このように、本物感アップにつながるものをわざと選定したり、特注したりすることは重要です。多少コストはかかりますが、それよりもお客様の感じ方を優先させてほしいのです。その一つひとつの演出や見せ方が付加価値につながります。

古い機材で本物感を出す

POINT

魚ばぁさんの食堂　おくどさんのオープンキッチン。炊飯器はわざと旧式のものを使ってコンセプトを強調している。

15 全客席からキッチンが見える「劇場型」売り場が理想

▼キッチンが「劇場」に見える

客席からキッチンを見たとき、それが一つの劇に見えるように演出するのがポイントです。調理人が料理している姿、音、匂いを客席に向かって出していく、見ているだけで楽しいキッチンです。

キッチンは、宴会場以外のすべての客席から見えるようにしたいものです。前述した通り、オープンキッチンは入店第一印象で見せることと、全客席から見えることの2つが実現するように設計していきます。そうすることで、飲食店の最も魅力的な部分をしっかりお客様の脳裏に焼きつけるのです。「**舞台のある飲食店**」として、他店と差別化していきましょう。

舞台感をつくるためにも、オープンキッチンの上部には手書き風の木の看板を設置するなど、調理の本物感が伝わる演出がほしいところです。

ユニフォームは白衣で統一するなど、しっかり本物感が伝わるようにしましょう。

▼キッチンから遠い席はわざと段差をつける

全客席から見えることを実現するために、入口から遠い客席には段差をつけてもいいでしょう。例えば、キッチンから近いテーブル席は段差なし、キッチンから遠くなるテーブル席は高さを40㎝上げるなどします。そうすることで、奥の席からでもキッチンが見えやすくなります。天井高がそれなりに高い物件でないと難しいやり方ですが、もしそれができる物件ならおすすめです。

そこまでしてオープンキッチンを見せていくのです。そうすることで、**働くスタッフの意識も変わってきます**。常に見られているという意識になるので下手なことはできませんし、キッチン内の整理整頓、清潔さ、手洗いなども自然と身についていきます。調理の技術向上についてもスピードアップを図れます。

えてして、キッチンを見せないようにするのは店側の都合であることが多いものですが、いつお客様に見られても恥ずかしくない状態にしましょう。

店内のどの席からも見えるオープンキッチン

POINT 客席からキッチンを見ると、劇場に見える。

POINT キッチンから遠い客席は、キッチンがよく見えるように一段高くしている。

16 カウンター席は最も五感を刺激する

▼カウンター席は必ずつくるべき

飲食店においてお客様の五感を最も刺激できる場所はどこかというと、それはカウンター席です。**カウンター席は、最も飲食店の楽しさが伝わる席**です。

ですから、カウンター席にしっかりお客様がリピートしていて、カウンター席から埋まっていくお店は繁盛しています。

逆に、カウンター席をつくっておきながら、いつも最後にカウンター席が埋まるようなお店はあまり流行っていない傾向があるようです。

魅力的なオープンキッチンをつくれば、カウンター席にお客様がついてきます。調理実演の様子が手元まで見えて、音や匂いもしっかり伝わる、五感を刺激されるオープンキッチンです。

ですから、どんな業態であっても、郊外ロードサイドのお店であっても、カウンター席をつくることをおすすめします。たまたまカウンター席に座って、五感を刺激される。それが脳裏に焼きついて、後日思い出してリピーターになる。そうしたサイクルをつくることができます。

▼カウンター席中心のお店がおもしろい

カウンター席が中心の繁盛店もたくさんあります。例えば、札幌の狸小路商店街にある土鍋ハンバーグのお店、北斗星では、カウンター席の目の前に一口ガスコンロがずらっと並んでいます。

土鍋ハンバーグを注文すると、目の前のコンロに自分の鍋が置かれ、火にかけられます。そこにフランベされたハンバーグ（これもワインをかけて炎を上げる演出がされています）や具材が次々と投入されていくのです。そしてグツグツ煮込んで、できあがったら自分の前に置いてくれます。料理のできたてやアツアツ感もしっかり伝わります。

カウンター席では、目の前で調理をするので、それが脳裏に強烈に焼きつきます。カウンター席を中心とした飲食ビジネスもおもしろいものです。

目の前の調理で刺激するカウンター席

POINT 目の前のコンロで調理している様子。
カウンター席でしか味わえない体験がある。

17 360度を意識した売り場づくり

▼360度でお店の世界観を伝える

神奈川県川崎市にある元住吉駅の近くにオリオリという海鮮鉄板バルがあります。海鮮を主力としたヨーロッパ風の飲み屋です。13坪ながら月商は550万円とかなり繁盛しています。

オリオリでは、**360度を意識した売り場づくり**がなされています。

例えば、入口の左側は手元まで見えるオープンキッチン、その上部にワインのボトルが並んでいます。入口の右側にはワインの冷蔵ショーケース、その奥の壁面にはペイントされた鏡、上部にはヨーロッパで売っていそうな壷や計量器、缶詰などの小物が並んでいます。

通路には上から手書きの吊り下げPOPが並ぶなど、どの席からでもヨーロッパを感じさせるものが目に入ってきます。

これが入口付近だけとか、一部分だけではお店全体の世界観は伝わりません。360度の視点を持つことで、すべてのお客様にお店の世界観を伝えるということを意識してほしいのです。

▼壁面に鏡をつけてお店を大きく見せる

小型店舗でよくやる手法の一つに、**壁面に鏡をつける**というのがあります。これはお店の小ささを感じさせずに、より大きく見えるようにするための工夫です。

オリオリでは、店舗が縦長の長方形で入って左側がキッチン、右側の壁面には鏡を張っています。そうすることで、お店の小ささを緩和させる、一見小さいと思わせない工夫をしているのです。

これが壁のままにしておくと、にぎわい感もあまり出ません。小さくて大人しい雰囲気のお店になってしまいます。鏡に反射して見えるスタッフの動きやお客様の動きなどを通じて、にぎわい感を出しましょう。

改めて、自店のすべての席に座ってみてください。この席から見える景色はどうなのか、世界観は感じられるか、コンセプトは伝わっているか、楽しいのかをぜひ確認してみてほしいと思います。

店内すべてでコンセプトを表現する

POINT

オリオリの店内。通路を挟んで左側はオープンキッチン。右側の壁面は鏡張りで、上部にヨーロッパの小物が並んでいる。

18 食欲を刺激する店内ツールのつくり方、貼り方

▼ツールは手書きが基本

店内ツールでお客様の食欲を刺激するためには、**基本手書き**にするのがおすすめです。そっけないパソコン文字で商品を訴求しても、スタッフのお店に対する愛着やこだわりはお客様に伝わりません。できるだけ手書きで、そしてどうしても難しい場合は手書き風のフォントで店内ツールを準備しましょう。

私のクライアント先のある大手チェーン店では、いまだに社長自らが店内ＰＯＰを手で書いています。それくらい手書きにこだわっているのです。手書きの温かみや柔らかさはパソコン文字では表現できません。

また、店内ツールやＰＯＰにはできるだけ**シズルワード**を入れることを意識しましょう。シズルワードとは、食欲を刺激する言葉です。

例えば、「○○産」「○○漁港直送」といった産地、活や生など鮮度を感じさせる言葉、「コリコリ」「ふわふわ」などの食感や、熟成、焦がし醤油など味を感じさせる言葉をできるだけ使ってください。商品名だけでは、食欲を刺激するまでにはいきません。

▼にぎわい感を出すための空間圧縮法

店内はなるべくごちゃごちゃしているほうがにぎわい感を演出できます。小売店でも飲食店でも、繁盛しているお店にはにぎわい感があります。

このにぎわい感をわざとつくるために、**空間圧縮法**という手法があります。これはわざと上からＰＯＰなどを垂らして、空間を少なくしていくというやり方です。これをすることで、店内に入ったときの印象やテーブルから見える店内の風景はガラリと変わります。

また、ＰＯＰやツールを貼る位置ですが、テーブル席には、追加注文がとれそうなデザートや他店にはあまり置いていない差別化商品、これからファンをつけていきたい新商品などを訴求しましょう。

入店付近では、手書きの黒板などで一番商品を訴求しましょう。そうすることで、一番商品の出数がさらにアップします。新規客に自店の一番商品を体験してもらい、リピーターにつなげるのです。

食欲を刺激する手書きPOP

POINT 上から手書きPOPを垂らし、空間を狭くして繁盛感を出した店内。

19 BGMはコンセプトに合わせるべき

▼癒しがコンセプトなら水の音でもいい

「お店のBGMは何にしたらいいですか?」

新店やリニューアルの仕事の場合、クライアントからこうしたご質問をよくいただきます。答えを一言で言うと、**お店のコンセプトに合わせるべき**です。

例えば、40~60代をターゲットにした上質な大人の寿司居酒屋では、水の流れる音をBGMにしています。大人のグループや夫婦が落ち着いて飲める、おいしい寿司を大事な人と食べられる、ゆっくりとした時間を過ごせる、そういう空間づくりのために水の音だけを流しているのです。これがJ-POPだったら、雰囲気は出ないでしょう。

また、お客様に元気を与えるというコンセプトのとあるラーメン店では、BGMはアップテンポの三味線の音にしています。しかも音量も少し大きめです。アップテンポの三味線の音を聞きながら、にんにくの効いたラーメンを食べる。その体験でお客様は元気になり、その後の仕事や勉強の活力となります。

このように、BGMはコンセプトに合致させることです。有線で流れている音楽を使うのは簡単です。しかし、コンセプトをより強くお客様に伝えるためには、BGMも自分たちでベストのものを選びましょう。

▼アコーディオンの生演奏があるイタリアン

札幌の繁盛イタリアン店にチルコというお店があります。このお店はパスタ、ピザを売りとした本格イタリアンですが、BGMは通常イタリアの音楽であるカンツォーネを流しています。

さらに、週末のピークタイムになると、地元のアコーディオン奏者を招いて、アコーディオンの生演奏を開催しています。

しかも、生演奏しながら店内を歩き回ります。そうすることで、より強烈にイタリアンっぽさ、非日常感を演出できます。お客様も日本にいながらにしてまるでイタリアにいるかのような体験ができるので、大変盛り上がります。

コンセプトを増長させるＢＧＭ

POINT　店内に水を還流させている寿司居酒屋。ＢＧＭは水の流れる音だけ。

COLUMN 2 繁盛店にあって不振店にないもの

私は仕事柄、繁盛店をよく見に行きます。平日は出張先で調べて行くこともありますし、クライアント企業と一緒に見に行くこともあります。土日もどちらか一方は、概ね繁盛店視察です。

年間でいうと、200店以上。この生活を約12年以上続けていますから、2500店くらいは繁盛店を見ている計算になります。

さて、最近の繁盛店には共通点があります。それは何だと思いますか？　少し考えてみてください。

それは、「世界観」があるということです。表現を変えれば、「そのお店らしさ」があるのです。入口を入った瞬間に一つの世界をつくろうとしている。その世界観がお客様の視覚や聴覚、嗅覚などに訴えます。この世界観を出すためには、明確なコンセプトやターゲットを設定していなければいけません。そして、それがしっかり伝わるレベルで表現できていなければいけません。

大阪に、私がお手伝いした海鮮居酒屋があります。コンセプトは、「山陰で獲れた新鮮な魚をお値打ちで提供する海鮮居酒屋」です。ターゲットは、40～60代サラリーマンです。朝、トラックで山陰地方の市場で新鮮な魚を購入し、それを夜、大阪の居酒屋で提供しています。入口すぐに大型の生け簀とオープンキッチンがあり、職人が実演調理しています。客単価は 3,000円。30坪、夜のみ営業で月商 900万円です。コンセプトがカタチになり、繁盛しています。

実は不振店の多くがこれを実現できていないのです。ターゲットが明確でない、コンセプトが明確でない。正確に言うと、もともとは明確であったのかもしれません。しかしそれが売上が落ちるに従って、見えなくなり、いろいろな成功手法をつぎはぎし、結果的にストーリーのないお店になってしまったのかもしれません。

もう一度、ターゲット、コンセプトを再構築しましょう。もう一度そこから設計し直すのです。土台がしっかりしていないと、何の世界観も出せません。特に、現状から売上 1.5倍以上が必要などの業績アップが急務なお店は、まずは土台から見直すべきです。

3章

メニューブックでおいしさ感をアップさせる

20 手書きメニューで鮮度感を出す

▼今は鮮度の時代。手書きメニューを実施せよ

今は鮮度感を訴求すれば売れる時代です。商品の鮮度感が売れ行きに直接影響します。日本酒などでも鮮度感を訴求すれば売れるようになるのです。ですから、お店は**手書きのおすすめメニュー**をできるだけ用意するべきです。

特に時期によって食材が変わる海鮮系のお店は必須です。居酒屋をはじめ、寿司店、和食店、回転寿司店などは必ずやりましょう。

手書きメニューは、それだけでその日仕入れた食材を使って料理した感じが出ます。メニューブックには、「本日のおすすめメニュー」ではなく、「**○月×日のおすすめメニュー**」と書いたほうがその日仕入れた感じがより出ます。「本日のおすすめメニュー」だと、本日のおすすめと言いながら、どうせいつも同じなんでしょ、と思われかねません。

それでは実際に毎日メニューを、入れ替えているかというと、そういうわけではありません。例えば、手書きのおすすめメニューが20アイテムあったとして、毎日入れ替えるのはごく一部です。重要なのは、鮮度感です。鮮度感を訴求して売る、これがポイントです。

▼メニューがすべて手書きの海鮮居酒屋

香川県でドミナント展開している海鮮居酒屋で浜海道という超繁盛店があります。このお店は、郊外ロードサイドや繁華街などに展開していますが、メニューブックはすべて手書きです。グランドメニューが手書きなのです。

刺身や寿司はもちろん、野菜メニューや日本酒、焼鳥、一品料理にいたるまですべて手書きで表現しています。鮮度が高い商品ということを徹底的に訴求しているのです。

大手チェーン店でよく見られるような写真つきの見やすいメニューを模範にしているお店は多いですが、鮮度感という視点で言えば、手書きメニューのほうが優れています。また、全部が手書きメニューというお店はそれだけで特徴のあるお店になれます。

鮮度感のある手書きメニュー

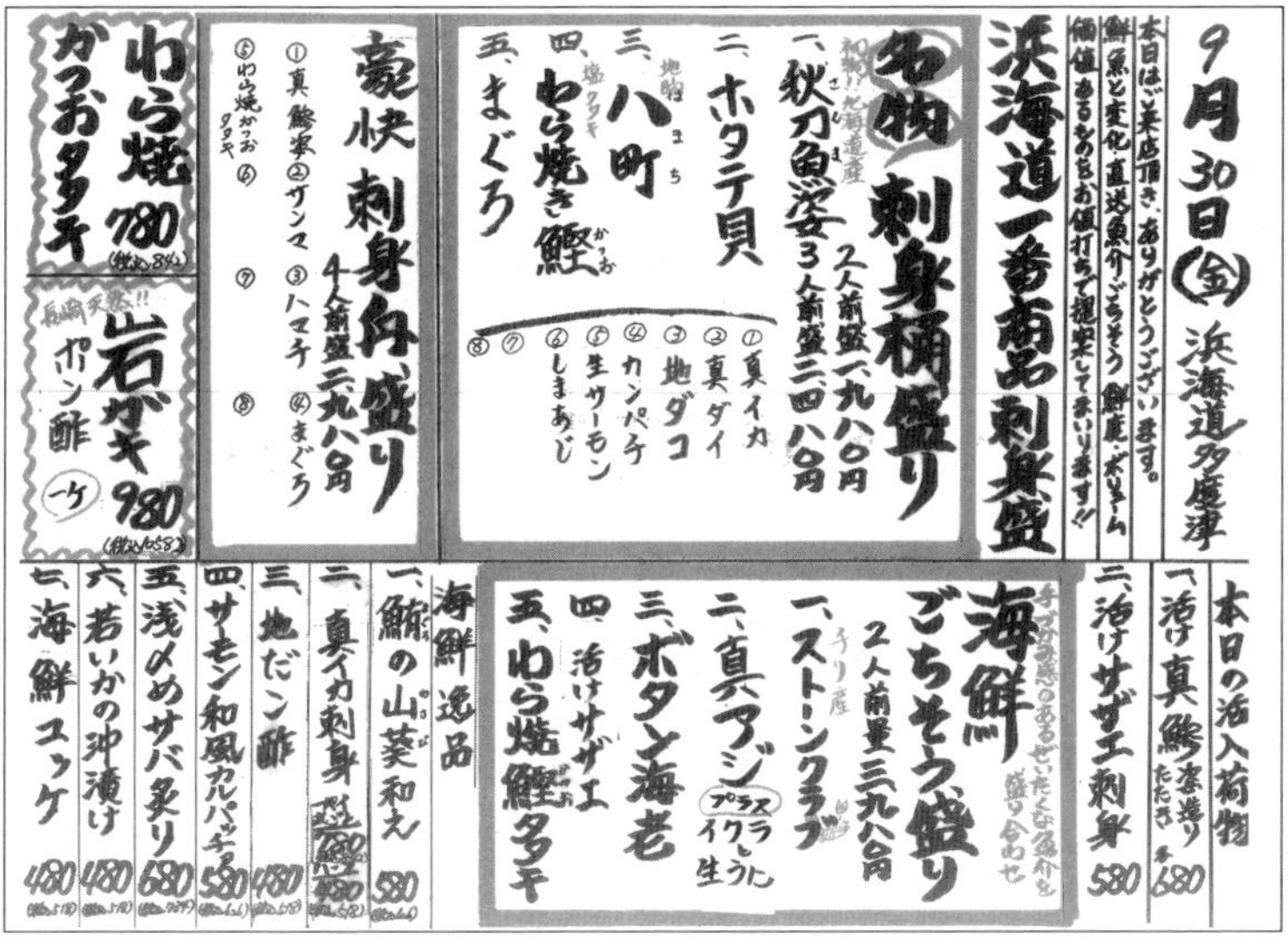

POINT 写真つきのメニューブックより、手書きメニューのほうが鮮度感は伝わる。

21 食欲を刺激するメニューブックのつくり方

▼商品ではなく、素材をそのまま載せる

どんな商品の見え方が最も注文したくなるのか、そういった視点でメニューブックをもう一度見直してみてください。

前述した香川県の海鮮居酒屋 浜海道では、浜焼きと野菜は調理後の商品写真ではなく、素材の写真をそのままメニューブックに掲載しています。例えば、茄子の味噌焼きというメニューなら、採れたての茄子をそのままメニューブックに掲載しています。そのほうが鮮度感が伝わり、出数が伸びるからです。

調理後の料理写真は、商品はイメージしやすいですが、鮮度感は訴求できません。これは焼き魚も同じです。ですから、焼き魚や野菜メニューは、商品よりもとれたてが伝わるような素材の写真の掲載をおすすめしているのです。

▼串揚げメニューをイラストにする理由

私たちのクライアント先では、串揚げメニューを多くのお店が導入しています。

これは串揚げを食べに行こうという利用動機の付加と、「1本80円～」などとすることで来店の気軽さをアップするためです。

この串揚げメニューを導入する際にお願いしていることは、**最低でも20アイテムくらいの品揃えと全体の60%以上が100円以下で一口サイズ、そしてイラストのメニューブック**です。イラストにすることで色彩感が出るので、食欲が刺激されます。

これが逆に調理後の商品写真にしたら、トッピングでもしない限り、ほぼすべて衣の色、薄い茶色になってしまいます。

イラストにするもう一つの理由は、イラストにするだけで女性受けがよく、女性の支持率がアップするからです。

特にファミリーをターゲットにした郊外型居酒屋では、文字だけで串揚げメニューを表現するよりも、イラストを使って主婦が注文したくなるように工夫しましょう。

料理ではなく素材の写真・イラストを入れたメニュー

POINT 料理の写真ではなく素材の写真を掲載して、より強く鮮度感を訴求する。

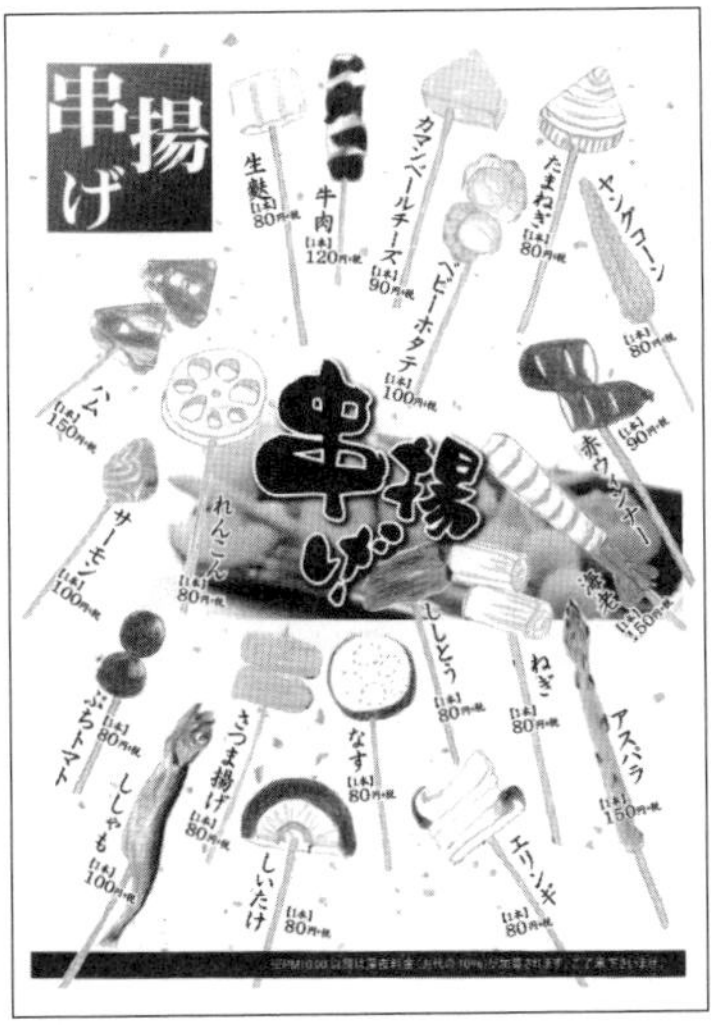

POINT 串揚げのように写真映えしない商品はイラストのほうが好ましい。

22 メニュー名にシズルワードを入れて魅力的に見せる

▼食欲を刺激する「シズルワード」

メニューを魅力的に見せるために、食欲を刺激する言葉、**シズルワード**を使いましょう。メニュー名にシズルワードを付加することで、そのメニューが一気に魅力的になります。

例えば、洋食店でハンバーグというメニューがあった場合、「肉汁あふれるジューシーハンバーグ」にしたほうがよっぽどおいしそうに聞こえます。そういったネーミングの工夫が必要ということです。

このシズルワードには、「もちもち」や「サクサク」「とろける」などの食感系のワード、「熟成」や「焦がし醤油」などの味を感じるワード、「朝獲れ」や「○○漁港直送」などの鮮度を感じるワード、「アツアツ」や「マイナス2℃」など温度を感じるワード、「自家製」や「当店オリジナル」など手づくりを感じるワードなどがあります。

このようなシズルワードをできるだけすべてのメニューに付加していきます。そうすることでメニュー全体が魅力的に見え、おいしさ感がアップします。

▼店内ツールすべてにシズルワードを付加する

北海道や東京で回転寿司店を展開している花まるでは、店内の黒板やレーン上のＰＯＰ、本日のおすすめメニューすべてにシズルワードが書いてあり、食欲を刺激します。

お客様は食欲を刺激されると、あれも食べたい、これも食べたいという状態になり、いつもより少し多めにいろいろ食べてしまいます。それが寿司を満喫したことになり、満足度を高めるのです。

このように、あれもこれも食べたいと、いかに思っていただくかが繁盛店への道です。逆に、あれもこれも食べたいと思われないお店は繁盛しません。少しだけ食べてもういいやと思われるお店は、集客に苦戦しています。

商品の購入点数というのは、お客様の満足度が表われやすいものです。業界平均よりも購入点数の多いお店を目指してください。

食欲を刺激するシズルワード

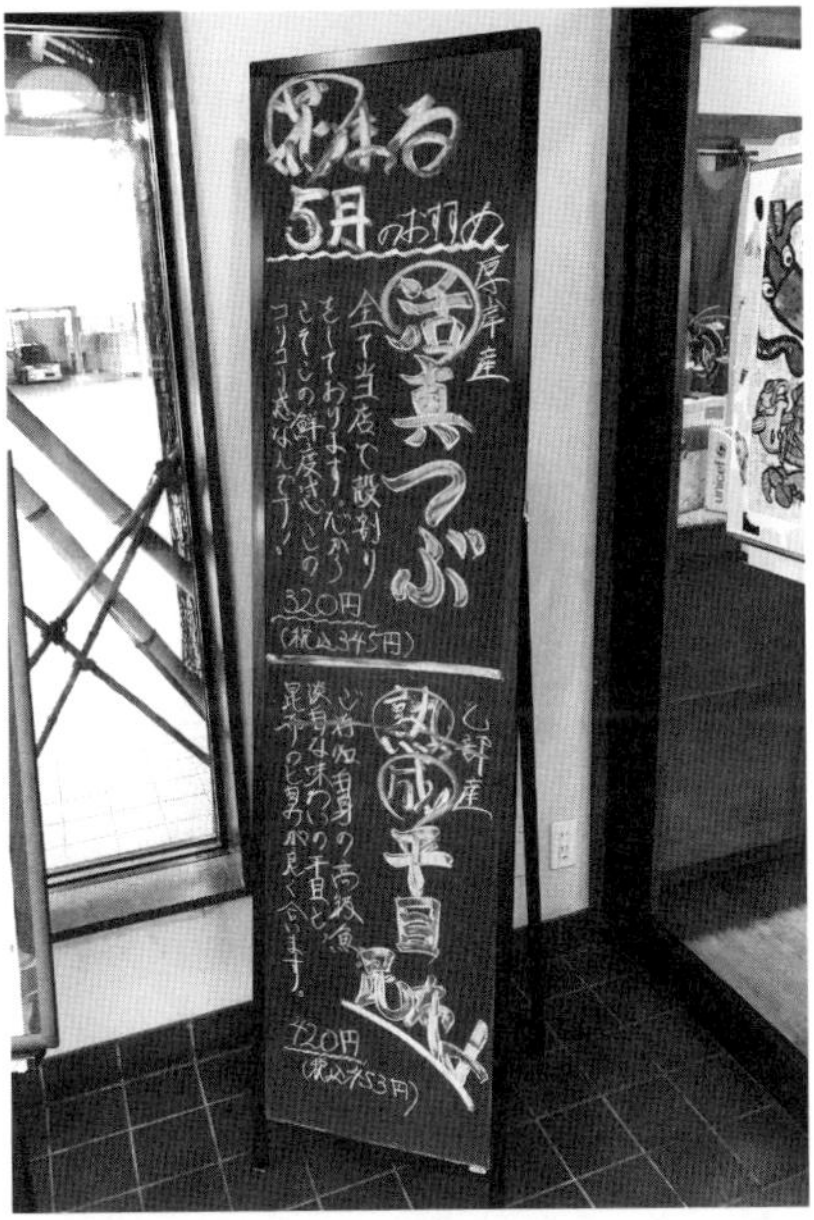

POINT 店内ツールやメニューブックにはシズルワードを付加して食欲を刺激する。

23 日本酒は手書きメニューにすれば急に売れ出す

▼いきなり日本酒が売れ出す

　メニューブックで見せ方を変えれば、今までそれほど売れなかったメニューでも急に売れ出します。お客様への伝わり方が出数にかなり影響するはずです。

　例えば、居酒屋で日本酒メニューを手書きのおすすめメニューで別紙にして、7アイテム以上揃え、価格も580円などにすると、一気に売れ始めます。今までほとんど出なかったお店でさえ、出数が伸び始めます。しまいには、日本酒メニューの出数合計が生ビールの出数を超えるお店まで出てきています。

　では、なぜここまでして売る必要があるのか？　それは、日本酒のほうが生ビールを出すよりも他店と差別化になるからです。お客様が居酒屋で生ビールをたらふく飲んでも、その体験は他店でもできます。しかし、「このお店は日本酒がおすすめみたいだから、せっかくなので日本酒を飲もう」ということになる。

　すると、そのお客様にとっては、**「日本酒を飲むなら、このお店」という位置づけになり、日本酒を飲もうと思ったときに再来店してくれる**のです。他店と同じ商品が出ないようにする工夫はどこも当然しているかもしれませんが、こうした差別化の体験が再来店につながるので、実は思っている以上に重要なのです。

▼銘柄ではなく鮮度を売る

　この日本酒メニューで意識している最大のポイントは、「鮮度を売る」ということです。

　獺祭や十四代といった人気銘柄は逆に置いてはいけません。そういった人気銘柄は仕入原価も高いので580円では出せませんし、人気銘柄を置くとその銘柄ばかり出てしまいます。

　私が提案しているのは、日本酒メニューに開封日を記載し、売り切れたら赤ペンで上から消す方法です。さらに、完売してもメニューブックからすぐには外さず、「完売」のスタンプを押す。鮮度の高い日本酒がいろいろ飲めるお店というポジションをとりたいのであれば、そこまで表現して、お店が日本酒の鮮度にこだわっていることをお客様に伝えていきましょう。

赤色で売り切れをアピールしてこだわりを醸し出す

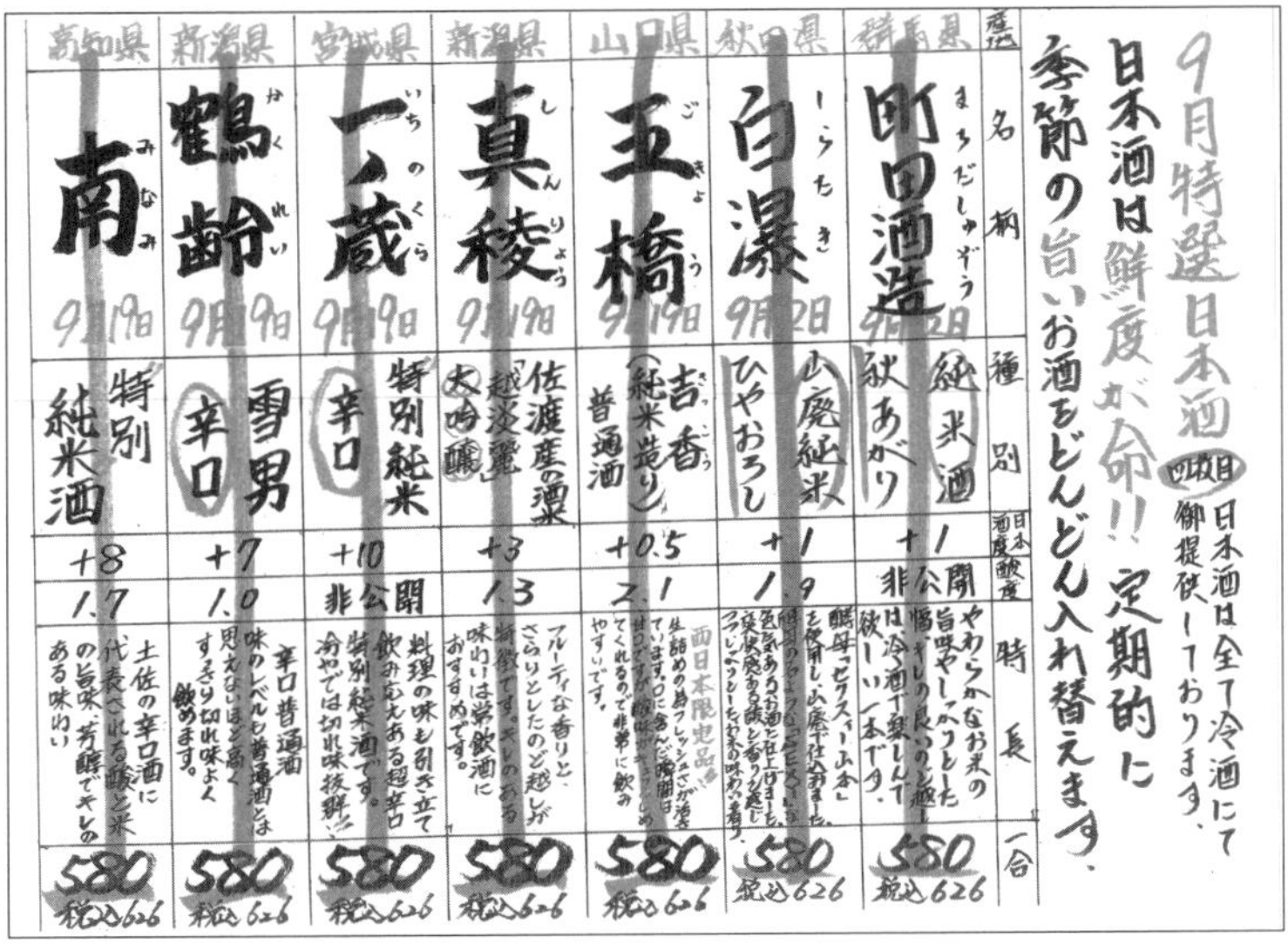

POINT 手書きしたり、入荷日を入れたり、赤ペンで上から消したりして、鮮度の印象づけを強化する。

24 一目で品揃えのアイテム数の豊富さを伝える

▼３枚観音開き型のメニューブック

私がよくクライアント先で提案しているメニューブックがあります。それは、**Ｂ４サイズ、３枚観音開き型のメニューブック**です。このメニューブックだと、３ページ分が一気に見られます。全部開くと、全部開いたときに一目で多くのメニューが確認できるので、品揃えの豊富さが伝わるのです。

メニューブックは基本差し込み型をおすすめしています。メニューの変更があれば、その該当ページだけ変えてもらうようにしてもらっています。これはなるべくローコストで抑えるためです。

ブック型のメニューブックだと、ページをめくるたびに視線が途切れるので、品揃えの豊富さは訴求しにくくなります。また、1ページずつ写真などを掲載していたらページ数も重なり、コストも膨らんでしまいます。

メニューブックはなるべくローコストで抑えることも重要です。そのほうがメニューや商品のブラッシュアップに対しての抵抗感が弱くなります。

常にメニューや商品をブラッシュアップし続けるお店が繁盛するお店です。メニューブックは問題があればすぐに変えられる臨機応変さを重視しましょう。

▼メニューブックの一等立地に一番商品を載せる

メニューブックの表現で重要なのは、**グランドメニューを見た瞬間に、そのお店の一番商品がわかる**ことです。ですから、メニューブックの最もいい場所、一等立地にそのお店の一番商品を持ってきてください。一等立地とは、メニューブックを開いた第一印象の場所、すなわちメニューブックの1ページ目になります。

1枚もののメニューブックの場合、一等立地は縦書きメニューなら右上、横書きメニューなら左上になります。そこにお店の一番商品を掲載するのです。そうすることで、新規客の一番商品の注文率が高まり、一番商品が出ることでお客様がリピーター化していく流れをつくります。

3枚観音開き型だと一番商品がわかりやすい

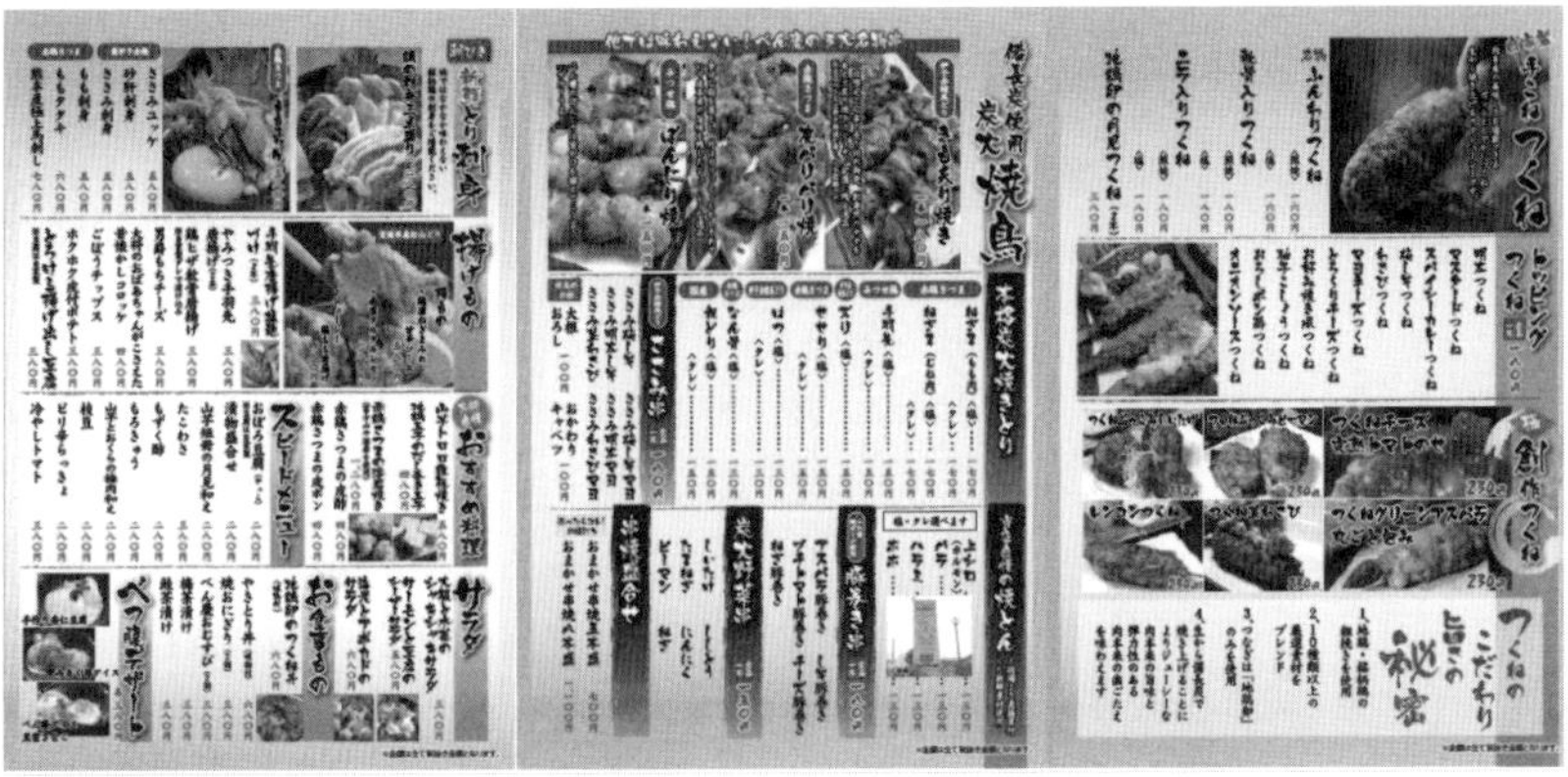

POINT 3ページが見開きで一度に見えることで、品揃え豊富そうな感じ（品揃え感）を訴求できる。

POINT 左上の一等立地に一番商品を大きく載せることで、注文率が高まる。

25 単品ではなく、カテゴリーを売る方法

▼アイテムパワーの法則でカテゴリーを売る

メニューのアイテム数には原理原則があります。それは「**3、7、30**」というアイテムパワーの法則です。3はカテゴリーとして成立する最低数の品揃え、7はカテゴリーとして豊富に感じる品揃え、30は専門店の顔となる品揃えです。まずはこの3、7、30という数字を覚えてください。

例えば、焼鳥居酒屋。お客様に焼鳥の専門性と売りたいカテゴリー（今回は釜飯）を訴求する場合、焼鳥系メニューで30アイテム以上、釜飯で7アイテム以上を用意しましょう。そうすることで、焼鳥の専門性と釜飯が豊富だということが訴求できます。

また、それ以外のメニューについてもカテゴリーとして成立させる場合は、3アイテム以上を品揃えします。例えば、サラダ、デザートも3アイテム以上揃えるなどです。1アイテムでは、カテゴリーとして認識されません。

また、これはアイテムパワーという数の法則なので、焼鳥ならタレと塩を別々に表記する、トッピングでバリエーションを増やすなどで数を稼ぐというテクニックを使います。

▼別紙でカテゴリーを売る

アイテムパワーを使った上で、それを重点的に売っていくには、お客様の第一印象にそのカテゴリーを持っていく必要があります。ですから、**メニューブックをわざと別紙にする**ということをします。そしてそれをテーブルオンメニューにする。そうすると、第一印象でそのカテゴリーが目に飛び込んできますし、お店側がそのメニューを売り込んでいることがお客様にもしっかり伝わります。

重点的に売りたいカテゴリーがある場合は、品揃えを7アイテム以上にし、それを別紙でテーブルオンメニューにしていく。そうすると、そのカテゴリーはしっかり売れていきますし、それが他店と差別化された商品になっていると、ファンが増えて既存店の売上アップにもつながっていくのです。

アイテムパワーの法則

アイテム数	品群として成立する品揃え	商品例
1～2	品群として認識されない	デザート:1アイテム
3	最低数の品揃え	サラダ:3アイテム
5	単品として標準的な品揃え	
7	単品としての主力品群成立	デザート:7アイテム 刺身:7アイテム
30	専門店としての主力品群成立	おにぎり専門店:おにぎり30アイテム 焼鳥居酒屋:焼き鳥30アイテム 串揚居酒屋:串揚30アイテム
50	専門店として品揃え豊富	
70	超専門店の顔成立	寿司店:70アイテム

POINT

品揃えが一定数を超えないと、お客様に自店の主力商品群が伝わりにくくなる。「3、7、30」の数を上手に使って主力商品群を明確に伝えていこう。

26 価格のストレスをなくす表現方法

▼中心価格帯を明確にして予算をわかりやすく

基本的な価格施策として、**中心価格帯を明確にする**ということがあります。中心価格帯が明確だと、いつ行っても大体同じくらいの会計金額になるので、再来店しやすくなります。

どんなお客様にも予算があります。例えば、居酒屋で最初に行ったときは一人２５００円だったけど、次に行ったときは５０００円だった。これではそのお店の予算がわからないので、予算が不安になり、再来店しにくくなります。

最も中心価格帯が明確なお店がスシローやくら寿司などの１００円均一チェーン店であり、居酒屋でいうと、鳥貴族などの２９８円均一店になります。いずれも一大チェーン店として君臨しています。スシローやくら寿司ならいつ行っても大体一人１０００円くらいですし、鳥貴族だと２０００円くらいですみます。それが予算の安心感であり、集客力なのです。

均一料金ではないお店も大体の予算がつかめるように、中心価格帯を明確にしておきましょう。

「**中心価格×６＝客単価**」という公式があります。居酒屋なら一品単価を４００円前後にすると、客単価は大体２４００円前後になるというわけです。

▼価格帯の違うメニューは同じページに入れない

メニューブックで価格のストレスを感じさせないようにするには、価格帯の違うメニューを同じページに載せないというやり方があります。

例えば、居酒屋で２８０円のメニューと１２８０円のメニューが同じページにあると、気をつけて注文しないと高くなってしまうという不安が生まれます。お客様のストレスになるような表現はやめましょう。

メニューブックには、**なるべく同じ価格帯で固めていく**のです。それが安心感になり、あれもこれも注文しやすいメニューになります。

予算のわかりやすさは集客力です。それを念頭においてメニューを組みましょう。

価格帯ごとに分けたメニューづくり

PI分析

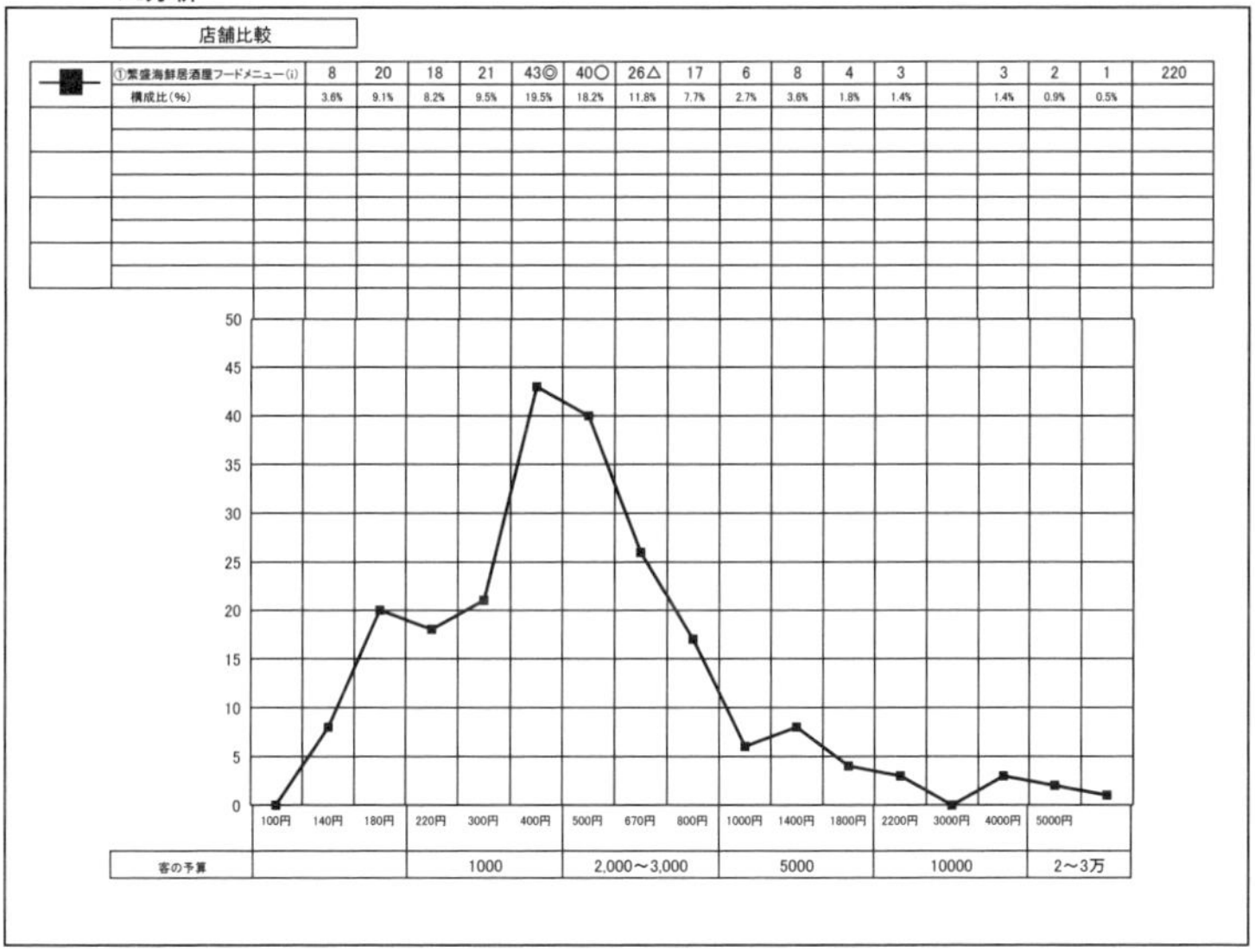

POINT

縦軸にアイテム数、横軸に価格帯をとったとき、△の山ができるメニュー構成のほうが予算をつかみやすいと言える。上記の例は海鮮居酒屋のものであるが、400円帯と500円帯にアイテムが集中しており、安心感を持って注文できる。

27 一番商品をしっかり売る方法

▼メニューブックの1ページ目に大きく載せる

お店を代表する一番商品はしっかりお客様に注文していただきたいものです。どう表現するかで出数は変わります。

一番商品の出数を増やすためには、まず**メニューブックの1ページ目に大きく掲載してください**。

愛媛県松山市にべん慶という焼鳥居酒屋があります。松山市には、私が認識しているだけで200軒以上もの焼鳥居酒屋があります。その中でポジションを確立するために、べん慶では一番商品につくねを据えています。しかもアイテム数は24アイテム。明らかにお店が押しているメニューです。それをまずはメニューブックの1ページ目の全面で表現しています。

ブック型でなくても、お店を代表する一番商品は、第一印象で訴求してください。一枚物のメニューブックの場合は、左上の一等立地（縦書きメニューの場合は右上）に大きく表現してください。そうすることで一番商品の出数が伸び、多くの新規客が注文してくれるようになります。

▼食べ方の提案をし、満喫してもらう

そもそも自店を代表する一番商品は、他店と差別化された商品になっています。そうなっていない場合は、一番商品とは呼びません。他店と差別化されていて、圧倒的に売れる商品を一番商品と呼びます。

ですから、その商品を満喫してもらい、自店のファンを増やすことが繁盛店への近道です。そのため、お店は一番商品を満喫してもらえるような提案をしていただきたいのです。

べん慶では、**つくねを満喫していただくために食べ方の提案**をしています。1回の食事で何本も食べてもらえるようにするためです。この食べ方をメニューブックに載せたこともあり、今ではつくねだけで一人平均3・5本以上、売上構成比も18％とダントツの数字となっています。その結果、売上はオープン以来ずっと伸び続けています。

食べ方の提案で満足度を高める

~名物つくねの究極の食べ方~

一、ひとり二本以上の注文は避けえや

◎焼きたて三分間が一番に旨い
鮮度を守るために二本ずつ頼んだらええけん

一、まずはふんわりつくねか軟骨つくねを食べえや

◎基本の味を味わったらええけん

一、焼きたてアツアツをガッツリ食べえや

◎肉々しい食感、旨味
ジューシーさをしっかり味わったらええけん

一、変わりつくねを冒険せえや

◎好みに合ったトッピングで
自分流のつくねを発見したらええけん

POINT つくねの食べ方まで提案し、さらに出数を伸ばす。つくねを繰り返し食べてもらうことで、差別化を徹底的に体感してもらう。

28 上手な値上げの仕方

▼影響原価率の高いメニューを値上げする

仕入れコストや人件費の高騰などの影響で、原価率の調整を迫られている飲食店も多々あると思います。私もクライアント先では、なるべく客数を落とさずに上手に値上げしていこうと提案しています。

そのやり方の一つが、**影響原価率トップ30を出し、その中から集客に影響を及ぼしにくいメニューに関して一品一品検討していく**ことです。

影響原価率とは、「**単品原価率×単品売上構成比**」の公式で算出します。例えば、生ビールの原価率が40%で、売上構成比が8%だった場合、生ビールの影響原価率は3・2%ということになります。この3・2%という数字は全体原価率のうちの生ビールの占める割合を示します。ですから、全体原価率が30%であった場合、生ビールはそのうちの3・2%に影響しているという意味です。

値上げをして生ビールの原価率を30%に落とせば、原価率30%×売上構成比8%＝影響原価率2・4%になりますから、先ほどの3・2%と比べると0・8%減少します。これは生ビールを値上げして原価率を30%にした場合、全体原価率は約0・8%下がるということを意味します。

▼集客メニューは最後まで値上げしない

影響原価率を上から順に見ていくと、上位のほうには生ビールや焼鳥盛り合わせなど、出数の多い人気メニューが多数入ってきます。しかし、これらの中で**自店の集客力に影響を及ぼしそうなメニューはできるだけ最後まで値上げしないようにしましょう。**

例えば、私のクライアント先で飲み放題60分500円を集客メニューにしている居酒屋があります。ワンコインで60分飲み放題、延長も60分500円です。

このワンコインというわかりやすさが集客力になっているので、この部分は最後まで値上げしないようにするのです。逆に、それ以外のフードメニューで影響原価率の高いものを50～100円くらい値上げして原価率を調整します。

影響原価率

影響原価率＝単品原価率×単品売上構成比

順位	メニュー名称	売価(税抜)	注文数	売上金額(税抜)	売上構成比(税抜)	単品原価金額	単品原価率	影響原価率
1	和牛特選ユッケ	980	261	255,780	5.33%	544	55.51%	2.96%
2	生ビール中	380	980	372,400	7.76%	140	36.94%	2.87%
3	ドリンクバー	300	544	163,200	3.40%	140	46.67%	1.59%
4	半額生ビール中	190	487	92,298	1.92%	140	74.07%	1.42%
5	賑わいコース	2,095	114	238,857	4.98%	543	25.92%	1.29%
6	タレ串焼き7種盛合わせ	780	207	161,460	3.36%	259	33.18%	1.12%
7	半額ソフトドリンク	150	363	54,277	1.13%	140	93.63%	1.06%
8	塩串焼7種盛合わせ	780	167	130,260	2.71%	226	28.94%	0.79%
9	とり五目釜めし	550	214	117,598	2.45%	122	22.29%	0.55%
10	唐揚げ特盛り	720	135	97,200	2.02%	191	26.46%	0.54%
11	じゃがいもパリパリサラダ	400	194	77,600	1.62%	128	32.00%	0.52%
12	出し巻き玉子	300	241	72,300	1.51%	91	30.45%	0.46%
13	のり巻きおにぎり	350	213	74,449	1.55%	100	28.65%	0.44%
14	照り焼きピザ	450	101	45,402	0.95%	210	46.76%	0.44%
15	チキン南蛮	480	118	56,640	1.18%	176	36.60%	0.43%
16	なんこつ唐揚げ	320	180	57,600	1.20%	111	34.70%	0.42%
17	マンゴーアイスゼリー添え	280	188	52,640	1.10%	105	37.62%	0.41%
18	きゅうりの1本付け	280	159	44,520	0.93%	116	41.35%	0.38%
19	つくねタレ	150	323	48,296	1.01%	55	36.63%	0.37%
20	知覧どりのお造り	560	90	50,400	1.05%	196	35.00%	0.37%
21	シーザーサラダ	400	163	65,200	1.36%	102	25.38%	0.34%
22	唐揚げ一人前	380	186	70,680	1.47%	88	23.09%	0.34%
23	小学生ドリンクバー	180	116	20,880	0.43%	140	77.78%	0.34%
24	魚介スープのつけ麺	380	108	41,040	0.85%	127	33.55%	0.29%
25	カニ釜めし	580	76	44,080	0.92%	180	31.08%	0.29%
26	かわ塩	110	326	35,705	0.74%	41	37.77%	0.28%
27	もちチーズ	330	122	40,202	0.84%	103	31.26%	0.26%
28	海老とアボガド生春巻き	380	117	44,460	0.93%	107	28.19%	0.26%
29	人気タレ串焼き盛合わせ	440	90	39,600	0.82%	134	30.49%	0.25%
30	かしわ飯のだし茶漬け	280	140	39,200	0.82%	86	30.61%	0.25%

POINT

【上手な値上げの仕方】

①影響原価率トップ３０を出す

②価格弾力性の低い商品（集客に影響を及ぼしにくい商品）を値上げする

29 情報は商品力である

▼お店のこだわりをメニューブックに載せる

商品力は鮮度やボリュームだけではありません。「**商品力＝鮮度×ボリューム感×味×価格×シズル感×情報**」です。

情報も商品力の一部です。お店のこだわりも店内ツールや接客で表現しなければ伝わりません。

福岡県久留米市に筑後家徳兵衛という繁盛うどん店があります。このお店の売りは、72時間完全熟成のふっくらもちもちのうどんです。讃岐うどんとはまったく違う、とても柔らかい麺です。この差別化ポイントをメニューブックに掲載しています。また、看板でもそれを謳っています。

お店のこだわりを伝えるページでは、他店との差別化ポイントを具体的に書いてください。数字や食材、調理方法などを具体的に表現するのです。このうどん店でいえば、「なぜ、ふっくらもちもちなのか」が理解できるように表現します。

▼伝わったことが情報である

人に何かを伝えたとき、相手が思うように動いてくれないことがあると、「それ、この前言いましたよね」と腹が立つことがあると思います。しかし、これは相手側に問題がないとは言いませんが、伝えた側にも問題があるのです。伝え方が悪いから、相手にそのメッセージが正確に伝わらなかったのです。あくまでも、**伝えたことではなく、伝わったことが情報**です。

飲食店の店主によくあるのが、「食べればわかるでしょ」という考え方です。しかし、これは食べてもわかりません。味覚のレベルは人によって違うからです。

そもそも、おいしさには2種類あります。食べて本当においしいということと、もう一つは脳でおいしそう、おいしいに違いないと認識することです。脳で認識するおいしさは、伝え方の問題です。伝え方しだいで、おいしいに違いないと認識させることができるのです。

これは調理実演やシズル提供も同じです。そのこだわりがお客様に伝わらなければ意味がないのです。

お店のこだわりを載せたメニューの例

とく兵衛のこだわり
ねばり腰。
麺
■地元福岡産の小麦粉「ニシホナミ」と2種類の国内製粉のうどん専用粉を厳選ブレンドし、それを丹精こめて練り上げ、熟成させること3日、とく兵衛のうどんは"72時間完全熟成"で提供しております。
お客様に一番美味しいうどんをお召し上がりいただけるよう、店舗では徹底した時間管理の下、常に新しい麺を少しずつ茹で上げています。

柔らかく、"ふっくらモチモチ"の、湯がきたてのうどんをお楽しみください。
■そばは素材のおいしさを最大限に引き出すため、昔ながらの石臼挽きそばを提供しております。そばは打ちたてが一番美しいため、打ちたて、湯がきたてにこだわっています。
■北海道礼分島から直送された利尻昆布、長崎県産のイリコ、鳥取県産のアジコ、九州・四国産のサバ、鹿児島県産のカツオ・ウルメ、それから天然塩。とく兵衛では各地の厳選された7種の天然素材からだしをとっています。これを「24時間水出し仕立て」ゆっくり仕込み、まろやかなコクと豊かな香り漂う最高級のおつゆをつくり上げました。
■とく兵衛の天ぷらはご注文いただいてから揚げはじめるため、いつも揚げたて、アツアツ、サクサクで提供しております。天つゆで食べるサクサクの天ぷらをぜひ一度お楽しみください。
天ぷら
■ごぼう、山芋、キャベツ、人参、大根、たまねぎ、ねぎなど約20種の野菜は、国内生産を使用し「食の安心・安全・健康」を常に意識しています。

POINT

商品へのこだわりは食べただけではわからない。メニューブックにもしっかりお店のこだわりを掲載して、商品の付加価値を感じてもらおう。

COLUMN 3

3年前の繁盛店が今苦戦する理由

先日、お付き合い先の社長と、自店の中では調子のいいお店を改めて見に行きました。私の仕事の場合、調子の悪いお店を見ることが圧倒的に多いのですが、そのときは人事異動もあったので、調子のいいお店も少し覗きました。

その際に素直に一つの感情を抱きました。ストレートに表現すると、“つまらない”です。あえて厳しい表現をしますが、本当につまらないのです。

そのお店は3年前にオープンして今でも流行っています。昨対売上はほぼ横ばいです。しかし、つまらなく感じるのです。

理由を考えてみました。おそらくこういうことだと思います。3年前、そのお店はおもしろいお店でした。地域に同じようなお店はなく、ビジネスモデルがおもしろい、商品も手づくりでおいしい、価格も安い。

居酒屋としては最高。お客様にはそう思っていただけていたと思います。だから、今も「飲むなら、あのお店」という習慣になっていると思うのです。

しかし、お客様のヘビーユーザー化は止まりません。3年前と同じメニュー、同じやり方で特に変化はなく、驚きももうない。おもしろ味が薄れてきている……。

お客様はこの3年でいろいろなお店に行っています。経験値は確実に上がっています。新しいビジネスモデルのお店、もっとおいしくて安いお店、楽しいお店、従業員がイキイキ働いているお店など。経験値は3年前とは違うのです。そこに気づいて変化を続けていかないと、いずれ落ちていくでしょう。

3年前に繁盛していたお店が落ちていく負のスパイラルは、

「繁盛しているからこのままでいいや→何も変えない→おもしろ味が薄れる→売上が落ちていく……」

というものです。

こうしている今も新しいお店が次々と登場し、お客様はどこかで経験値を上げていることを忘れてはいけません。慢心が業績悪化を招くのです。具体的には、最低でも年に一度はグランドメニューの一部見直しが必要です。変化し続けましょう!

4章

商品にシズル感を付加して印象づける

30 お値打ち感は必須条件

▼そもそもお値打ち感がないと集客力がない

　商品施策にはシズル感の付加や鮮度の強化など、集客力を高める方法はいろいろありますが、そもそもお値打ち感がないといけません。つまり、**価格の割にお得だと感じてもらえるかどうか**、です。

　逆に、価格の割には高いなと思われてしまうと、そもそも繁盛店にはなりにくいのです。

　私が無料経営相談で初めてお伺いするお店の中で、苦戦している理由が割高であるというお店は結構多いものです。私が試しに、メニューブックの価格をよく見ずにあれこれ注文してみると、「これだけ飲んで、食べて○○○円くらいかな」と思う額よりも圧倒的に高かったりします。お客様の多くがおそらく、私と同じように感じていると思います。

　値段を下げなくても、価値を高めれば、お値打ち感はアップします。「こんないい商品がこの値段なら悪くない、お得だね」と感じていただけるように改善しましょう。次項からは、どうやって商品価値を高めていけばいいか、具体的に解説していきます。

▼粗利ミックスで原価率を調整する

　お値打ち感を強化していくと、原価率が上昇していきます。しかし、集客面でいうと、これは正しい施策です。実際、業績を伸ばしている多くの飲食店は、「**原価率＞人件費率**」という経費構造になっています。これが逆に、「原価率＜人件費率」になっているお店は苦戦しているケースが多いのです。

　すべての商品にお値打ち感を付加するのが難しければ、最低でも一番商品や主力商品だけはお値打ち感を出していきましょう。

　焼鳥居酒屋なら、焼鳥系の商品はお値打ち感を出すことです。例えば、国産の鶏肉を40gつけて、1本120円で提供するのです。鮮度もボリュームも納得していただけると思いますし、またこの価格ならお値打ち感があります。この価格で出しても、揚げ物やご飯もの、ドリンクなどとの粗利ミックスで原価率は十分調整できます。

粗利ミックスでお値打ち感を出す

お値打ち感（コストパフォーマンス）

＝

価値／価格

価格を安くしなくても、
価値を上げれば
お値打ち感はアップする！

POINT

飲食店の場合、価値の中には商品以外のものもある。鮮度、ボリューム、盛りつけの他、店内空間、職人の技術、気のきいた接客なども含まれる。

31 集客力を上げるために、まずは鮮度を上げる

▼素材型は食材そのものを鮮度アップ

今の時代、商品の鮮度アップが集客力アップのために、最も重要です。その鮮度には2種類あります。

一つは、**食材そのものの鮮度**です。魚や肉でよくあるのですが、冷解凍を繰り返してドリップが出きった食材を平気で出しているお店。それはまったくおいしくありません。今の外食慣れした消費者にはわかってしまいます。オペレーションや仕入れそのものを見直して、食材の鮮度を上げてください。

これは素材を売りにしている業態では必須です。例えば、寿司店の寿司ネタ、海鮮居酒屋の刺身、焼鳥店の鶏肉及び豚肉などです。私のクライアント先の焼鳥居酒屋では、外国産の冷凍肉から国産のフレッシュ肉に変更して、売上が120～130％になったお店は多数あります。それほど効果があります。

焼肉店でも店内手切りを導入したり、なるべくドリップが出ないオペレーションに変えていく必要があります。

▼できたて、つくりたてという鮮度感

もう一つの鮮度は、**料理してすぐ提供**という鮮度感です。例えば、うどん店でいえば、湯がきたてのうどん、揚げたての天ぷらです。こういう商品は時間が経てば経つほど、味が落ちていきます。

炊きたてのご飯や握りたての寿司も同じです。つくってすぐ食べたほうがおいしいですよね。ですから、なるべくすぐ食べてもらえるようなオペレーションを組まないといけません。

このできたて、つくりたてをお客様目線で追求していくと、セルフうどん店や回転寿司店では、食材のロスが発生してしまいます。時間が経って、のびてしまったうどんを提供するわけにはいかないので、廃棄するのです。

この廃棄をもったいないと言って、やりきれていないお店もありますが、**お客様にとっては体感したものがすべて**です。つくりたて、できたてをいかに提供し続けるかで集客力は変わってきます。

商品の鮮度をアピールする

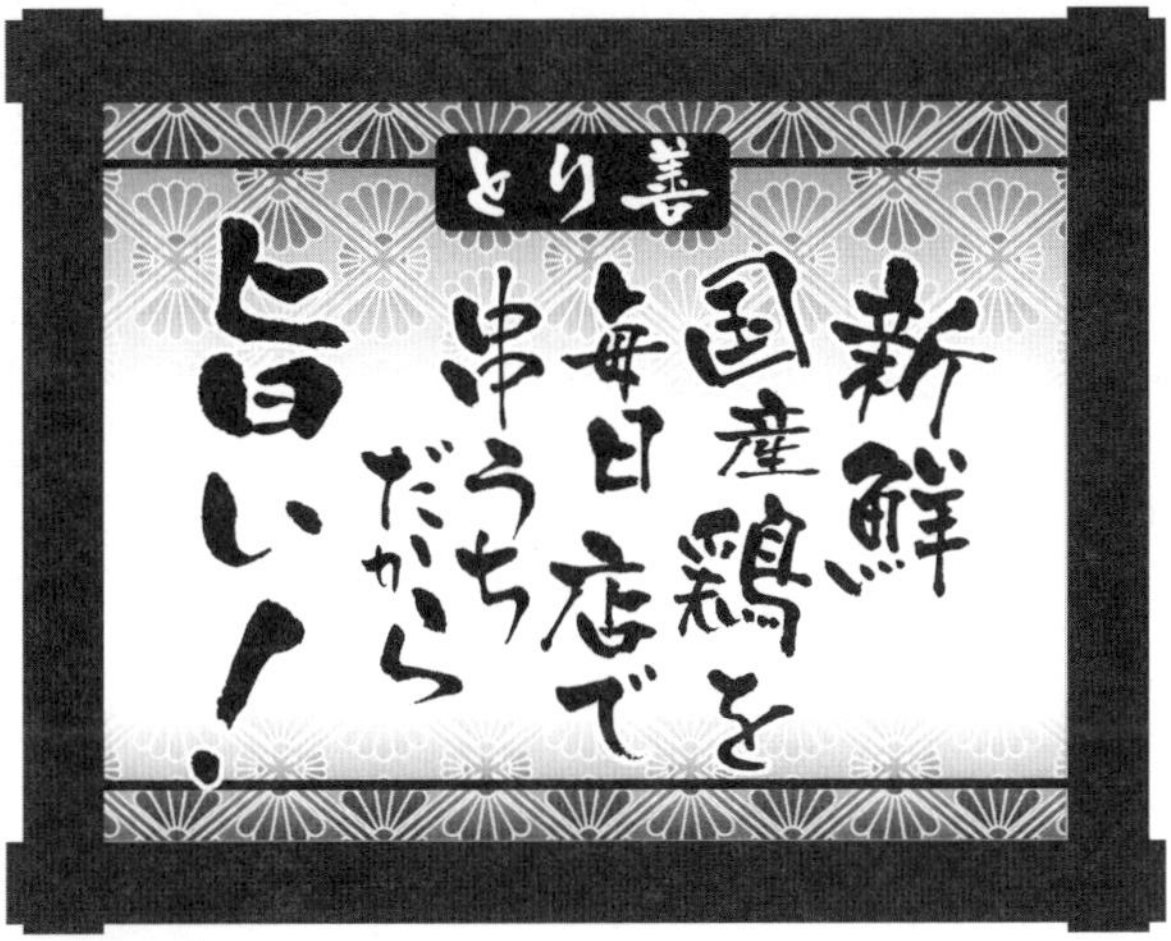

POINT　店内の壁面に掲載されているボード。素材の鮮度を訴求している。

POINT　揚げたてが一品ずつ出てくる天ぷら定食店。揚げたて特化で繁盛している。

32 アツアツ感、冷や冷や感を訴求する

▼鉄板ジュージューでおいしさ感をアップさせる

ステーキ店やハンバーグ店で「どんな器で提供すればいいですか？」と質問されたら、私は迷わず「鉄板を使ってほしい」と提案します。

普通のお皿だときれいに見えるかもしれませんが、鉄板でジュージュー音を立てて出てくるほど食欲は刺激されません。**食べる前から感じるおいしさ感**をどう出すかが、商品施策では重要です。私はこのおいしさ感を「**シズル感**」と言っています。

シズル感を付加することで、より商品が魅力的に見えるため、お客様にとっては、より価値が高い商品のように見えます。このシズル感には、主にアツアツ感、冷や冷や感、ボリューム感、色彩感、本物感があります。

アツアツ感の代表的なやり方がステーキ、ハンバーグ、あんかけ焼きそばなどの「**鉄板ジュージュー**」です。最も音や匂いが効果的に出るように、タレをかけるタイミングはお客様の目の前です。油がはねたりするので、紙エプロンで服が汚れないようにあらかじめ準備する必要がありますが、そこまでしてでもアツアツ感の演出にはこだわるべきです。

▼頭と舌で2回おいしさを感じてもらう

海鮮居酒屋などでは、一番商品として刺し盛りを提供しているお店が数多くあります。そういったお店では、この刺し盛りにもっと価値を感じてもらえるように、刺身の下にドライアイスやクラッシュアイスを敷いて冷や冷や感をアップしてもらいます。

そうすると、刺身が冷たく感じられるので、鮮度が高そうだという印象を持っていただけます（もちろん食べても鮮度が高いということは大前提です）。

このシズル感で重要なことは、まず商品が提供された時点でおいしそうと感じていただくことです。そして、実際に食べてもおいしい。つまり、**頭と舌で2回おいしさを感じてもらう**ということです。

どちらか一方では、あまり繁盛にはつながりません。今はどちらも必要なのです。

熱さ・冷たさでおいしさ感を刺激する

POINT お客様の目の前でアツアツのステーキにソースをかける。飛び散るほどの迫力、これがシズル感。

POINT ドライアイスを下に忍ばせた刺し盛り。出てきた瞬間、「おー！」と驚いてもらえる。

33 温度にこだわる

▼麺類は1杯ずつ沸騰させる

商品の基本として、熱いものは熱く、冷たいものは冷たく食べたほうがおいしいというものがあります。

例えば、うどんがぬるかったらどうですか。コーヒーがぬるかったらおいしく感じますか。逆にビールが冷たくなかったらどうでしょうか。**温度はおいしさ**なのです。

飲食店において温かいほうがいいメニューはアツアツくらいがちょうどいいでしょう。ある繁盛しているラーメン店では、スープを1杯ずつ小鍋で沸騰させ、提供する直前にそれをラーメンの器に入れて提供しています。そして、提供された瞬間の温度は80度以上に設定し、下回ってはいけないルールになっています。コーヒー専門店のコーヒーも繁盛店はアツアツになっていると思います。

最初の一口目にアツアツを感じる、あるいは冷や冷やを感じるかどうかは集客力に影響します。**どんなに安くても、温度にはこだわりましょう。**この一手間は必要なことです。私のクライアント先の立ち食いうどん店では、客単価４５０円ですが、ダシのアツアツにはこだわってもらっています。

▼器の温度にこだわっていますか？

温度が冷めない・温かくならない工夫として、器も温めたり、凍らせたりする必要があります。例えば、生ビールのジョッキは凍っていたほうが中身の温度が上がりにくいですよね。夏場にキンキンにジョッキが凍って出てくる生ビールは最高です。

うどん店、ラーメン店などでは、提供する直前に器を温め直すという工程を入れてほしいと思います。そうすることで、中のスープが冷めにくくなります。中には器を温めるウォーマーを導入しているお店もあります。

器の温度はお客様の触覚（皮膚感覚）を刺激します。器を触った瞬間に熱かったら、中身も熱いはずだと感じます。触った瞬間の第一印象をよくするためにも、器の温度にもこだわってほしいと思います。

出汁はアツアツ、器も温めて提供する

POINT ゆで麺機で出汁を温めて提供している繁盛うどん店。

POINT うどんを提供する直前に、お湯で器も温める。

34 ボリューム感を出して集客力を上げる

▼ボリューム感は基本中の基本

商品のシズル感付加の中でも、特に重要なのが**ボリューム感**です。ボリューム感がないと、基本的に食欲は刺激されません。そして、ボリューム感がないと、お値打ち感もなかなか伝わりません。

この食材は高いから、少ししか盛りつけられないと言っても、お客様にはそれはわかりません。とにかく、見た目のボリューム感が必要なのです。

ボリューム感付加のテクニックはいくつかあります。例えば、**器からわざとはみ出るように盛りつける**。これは少し小さめの器に盛って、わざとはみ出すことで見た目のボリューム感を訴求するテクニックです。器の空白スペースが多いと、基本的にボリューム感は出せません。

また、**高さをつける**というテクニックもあります。私のクライアント先の天丼専門店では、海老天などの天ぷらが立つように盛りつけてあり、高さを見せることでボリューム感を出しています。

合い盛りという方法もあります。寿司や焼鳥、焼肉などは味つけが同じ場合、単品注文でも合い盛りにして提供するということです。単品を単品のまま提供したら、ボリューム感は出てきません。

▼1・3倍の差をつけると明らかに大きい

盛りつけの工夫でボリューム感を訴求すると同時に、**自店の主力商品は他店よりも大きめのサイズ**にするのもおすすめです。例えば、焼鳥居酒屋なら焼鳥のグラム数、海鮮居酒屋なら寿司ネタのグラム数、焼肉店なら一切れあたりの肉のグラム数などです。

そこで、どのくらい他店と差をつけるのかというと、**約1・3倍**が目安です。例えば、焼鳥30gが相場なら、自店は40gにするということです。そうすると、お客様は見た瞬間にこのお店の焼鳥は大きいと感じてくれます。この差が1・1倍とか1・2倍くらいだと、ぱっと見たときに明らかに大きいと感じにくいので、集客力につながらないのです。

ボリューム感で刺激する

POINT わざと器からはみ出すことでボリューム感を出している。

POINT 高さのある盛りつけ。野菜を中に入れて、その回りにしゃぶしゃぶ肉を巻きつけている。

35 色彩感で食欲を刺激する

▼1つの商品に3〜5色の色を使う

商品のおいしさ感（シズル感）をアップさせる方法の一つに**色彩感**があります。これは商品を色鮮やかにして魅力的に見せるというものです。

例えば、ある繁盛ラーメン店のラーメンでは、醤油スープとチャーシューの茶、麺の黄、ねぎの緑、もみじおろしの赤、のりの黒と1杯で5色の色を使っています。これが2色くらいでは、ぱっと見で魅力的には見えません。

ハンバーグやステーキなどでは、つけ合わせとしてブロッコリーやにんじん、ポテトなどで色を出すことができます。居酒屋では、刺し盛りやサラダ、デザートなどで色彩感が出せる商品はたくさんあります。鶏の唐揚げでも、レモンとししとうを添えれば3色になります。また、うどんや丼でも、ねぎやかまぼこなどを上手に入れて色を出しましょう。

どんな商品でも3色以上の色を使うようにすると、魅力的に見えます。

▼フルーツトッピングは色彩感が出しやすい

フルーツを上手に見せると、カテゴリーで色彩感を出すことができます。例えば、氷結フルーツサワーです。これは単純に凍ったフルーツとサワーを組み合わせたドリンクです。いちご、キウイ、レモン、グレープフルーツ、オレンジなどいろいろなフルーツと組み合わせることができ、メニューブックに写真を掲載すると色彩感が出るので、人気メニューになっています。

バルやイタリアンなどでは、フルーツサングリアを提案しています。これもサワーと同様に、いろいろなフルーツと組み合わせて色彩感を出せます。

食品スーパーに行くと、売り場の一等地、つまり一番最初に目につくところにはたいてい、フルーツ売り場があります。これは色彩感が出て見映えがいいというのが大きな理由だと思います。

売り場がどう見えるのか、商品がどう見えるのかを意識し、色彩感を出して魅力的に見せてください。

色彩感で刺激する

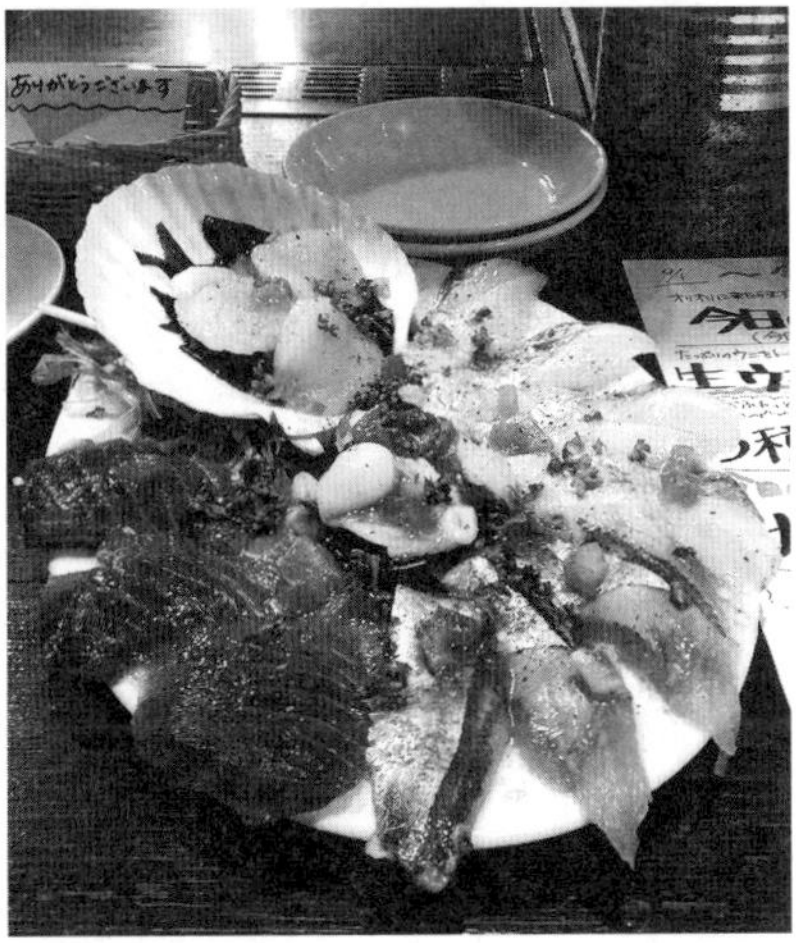

POINT つけ合わせも工夫して色彩感を出している。

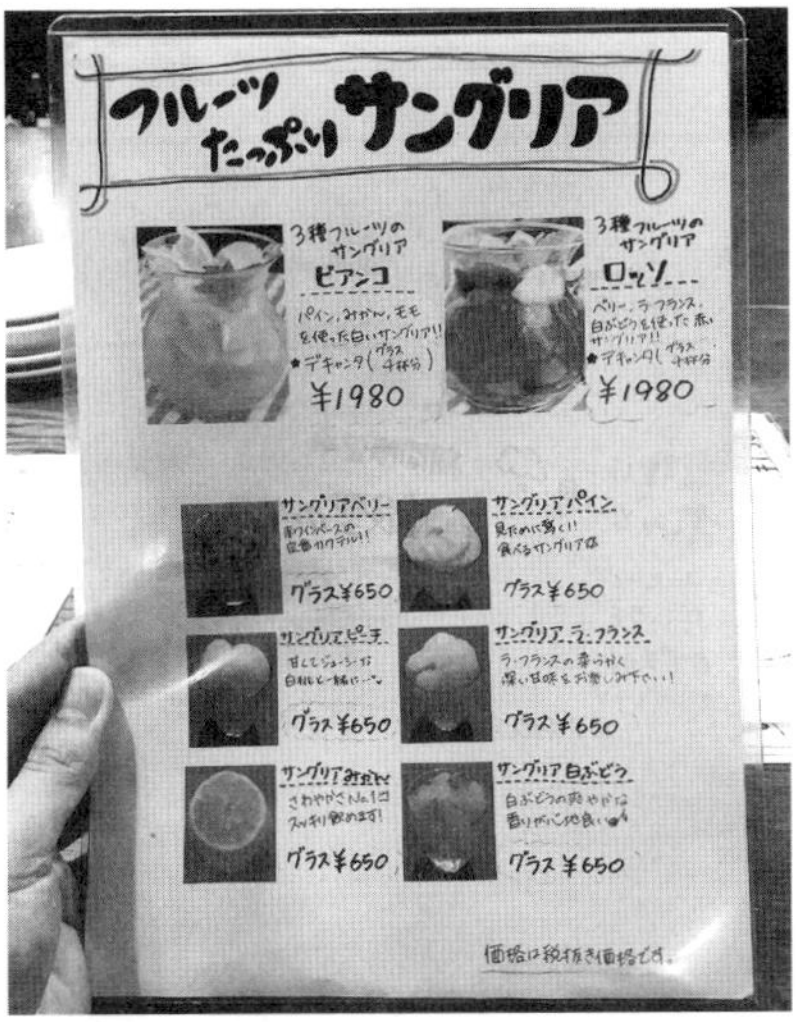

POINT フルーツトッピングメニューは、カテゴリーとして色彩感を訴求できる。

36 本物感で商品価値を上げる

▼器の演出で本物感を出す

本物感の訴求で価値を上げましょう。飲食店では料理の味もそうですが、どんな器で提供されるかも非常に重要なポイントです。それによって料理の印象がまったく変わるからです。

例えば、居酒屋で串揚げはどんな器で提供したらいいのか、考えてみてください。私はステンレスのアミつきバットをおすすめしています。本場大阪の雰囲気が出ますし、揚げたて感も出るからです。

刺身の盛り合わせは木の桶、寿司の盛り合わせは木ゲタがいいでしょう。そのほうが職人がつくった感じがします。

日本酒は片口、焼酎は黒ぢょかで提供すると本物感はアップします。

このように、器の選定の際は高い、安い、おしゃれという視点だけではなく、提供する商品の本物感が出るかどうかで選んでほしいと思います。

▼魚はマルで、貝は殻つきで提供する

魚料理はなるべくマルで出しましょう。そのほうが食材の本物感、鮮度感、ボリューム感が出せます。金目鯛の煮つけや、のどぐろの塩焼きなどは、お頭つきで提供してください。貝類は基本、殻つきで出しましょう。刺身の盛り合わせに入っているホタテ刺身でも、ホタテの殻も一緒に盛ってください。そのほうがホタテの本物感、鮮度感が出るからです。

焼き野菜なども同様です。ヤングコーンの炭火焼きや焼きそら豆などは皮つきで出すべきです。そのほうが採れたての野菜の感じが出るからです。

どういう提供の仕方をすれば食材の本物感、鮮度感が出せるのかをぜひ考えてみてください。多くのお客様は**センスのいい盛りつけよりも、本物感を支持します**。「食べたらわかるでしょ」ということではなく、見た目にもこだわってください。営業マンがプレゼンをして商品を売るのと同じです。飲食店にとっては商品の見た目、盛りつけがプレゼンです。

本物感で商品価値を上げる

POINT 木の桶に盛られた刺し盛り。かきは殻つき。本物感を訴求している。

POINT 片口で飲む日本酒。グラスとは違った雰囲気で飲める。

37 テーブル最終仕上げでシズル感を印象づける

▼テーブル最終仕上げの商品を増やせ

お客様のテーブル最終仕上げで最終的な仕上げをすることで、商品のシズル感を印象づけることできます。

例えば、スピニングボウルサラダという商品があります。これは、お客様の目の前で氷で冷やされたボウルを回して、その上からドレッシングをかけて、取り分けをします。そして最後に、チーズを振りかけて提供するといった演出をします。

このような商品を増やすことで、お客様の脳裏にシズル感を焼きつけましょう。

他には、〆サバの炙り（お客様の目の前でガスバーナーで炙る）や、瓦あんかけ焼きそば（アツアツの瓦にのったそばに具材の入ったあんをかけてジュージュー言わせる）、鉄板ハンバーグ（アツアツの鉄板の上からソースをかけてジュージュー言わせる）、チーズパスタ（目の前でパスタとチーズを絡めて、さらにその上からチーズをのせる）などがあります。

お好み焼き店でも、お好み焼きとソースを別々にテーブルまで持っていき、目の前でトマトチーズソースをかけてくれる繁盛店もあります。

このように商品の最終工程をテーブル上で行なうことで、シズル感を印象づけることができます。

▼わざと炎の出る商品を入れる

シズル感の印象づけを強化するために、わざと炎の出る商品を入れることもあります。例えば、オープンキッチンで炭火の焼き台を見せているお店などで、炎が上がる地鶏のゴロゴロ焼きという商品を導入するのです。この商品は網の中に鶏肉を入れて焼き台の上でゴロゴロさせながら火を通すのですが、上から鶏油をかけると炎が上がります。そのため、客席からオープンキッチンを見ることができれば、強烈にシズル感を印象づけることができます。

このように、シズル感の印象づけを強化して、自店の存在をお客様の脳裏に焼きつけてください。そうすることで、また思い出して再来店してくれるお客様を増やすことができます。

テーブル最終仕上げで刺激する

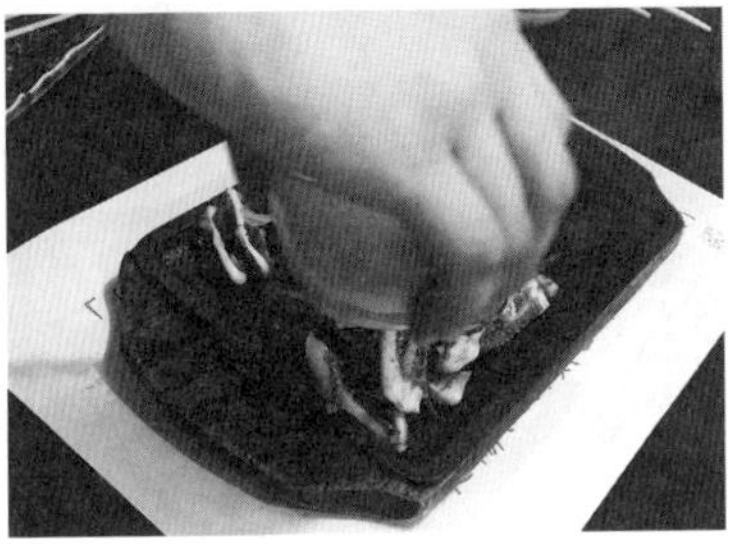

POINT　目の前最終仕上げの商品を増やすことでお客様の五感を刺激する。

POINT　地鶏のゴロゴロ焼きを導入し、焼き台から上がる炎を見せる。

38 食感に特化した繁盛店もある

▼食感も五感刺激のうち

私は日頃から行列店に並び、いろいろな繁盛店を視察していますが、**食感**に特化して繁盛しているお店もたくさんあります。

例えば、パンケーキの行列店。この会社の店舗はどのお店もピークタイムは行列ができる人気店です。このお店のパンケーキは口に入れた瞬間、溶けるほどの柔らかさなのです。そんなパンケーキが一皿に３枚のっていて、ふわふわな食感を満喫できます。

名古屋にあるハローキッドという超繁盛ハンバーグ店も食感に特化しています。超粗挽きを売りにしていますが、その粗さは12・５ミリ。これは他のハンバーグ店の３倍の粗さなので、食べると口の中でゴロゴロとした食感が残ります。

この極端な粗さが記憶に残り、また思い出して再来店するというサイクルを生み出しています。その結果、他の五感刺激も重なって、売上は５年以上ずっと伸び続けているのです。

▼日本人は「ふわとろ」「ジューシー」が好き

先ほどのパンケーキの話のように、日本人は基本的には「ふわふわ」とか「とろける」といった柔らかい食感を好みます。マグロでも中トロ、大トロなどトロ好きな人は多いですし、牛肉でも高級な和牛の、口の中で溶けるような霜降りは人気があります。

逆に、人気が出にくいのが、柔らかさとは反対の食感です。「肉が固くておいしくない」というのはよく聞く話です。

肉に関しては「ジューシーさ」が人気です。ジューシーさをいかに出すか考えましょう。ジューシーさは、肉汁を出せるかどうかに関わっています。肉汁の出ない肉はおいしいとは思ってもらえません。

肉が主力のお店はすべて、同じことが言えます。餃子でも、小籠包でも、焼鳥でも繁盛店の肉は肉汁がしっかり出てジューシーです。

他店との差別化を構築するためにも食感にこだわって、印象に残るお店にしていきたいものです。

食感で刺激する

POINT　ハローキッドの超粗挽きハンバーグは他店の３倍の粗さ。口の中でゴロゴロする食感が印象的。

POINT　べん慶のつくねは肉汁たっぷりでジューシー。

39 味の「見える化」で差別化する

▼辛さが見える、甘さが見える

私はコンサルタントとして繁盛店を見て、その共通点をルール化するのが日常になっていますが、最近の繁盛店を見ていると、ある一つの傾向があることがわかります。それは、**味の見えるお店**が繁盛しているということです。

例えば、あるカレーの繁盛店。ここでは、通常カレーに入っているスパイスをカレーの中に溶け込ませずに、上にかかっている状態で出てきます。出てきた瞬間、その辛さが伝わる提供の仕方です。また、パンケーキの店でもホイップクリームがてんこ盛りで出てくるのが売りの繁盛店があります。これは甘さの見える化ですね。

それから、ラーメン店でもクリーミーさが伝わるように、提供する直前にミキサーでスープをわざと泡立てて、クリーミーな状態を見える化して出す繁盛店もあります。

これまでの「食べればわかるでしょ」という世界から、視覚と味覚に訴える、より強い五感刺激型の商品が支持されてきているのです。

▼満喫を見せる

味の満喫というのも一つのキーワードです。

前述したパンケーキもホイップクリームをてんこ盛りにのせることで、お客様に甘さの満喫を体験してもらっています。かき氷の繁盛店では、マンゴーかき氷をオーダーすると、マンゴーの果肉が、氷が見えないくらいたくさんのっています。

また、これらの満喫型商品はＳＮＳとの相性もよく、拡散されやすいのもメリットです。

私たちのクライアント先では、チーズフォンデュの上からさらに固形のチーズをのせる提案をしています。チーズの満喫が見えるようにするためです。

せっかく外食に来たのだから、日頃の食事制限を解放して、思いっきり満喫したいという願望を持った消費者は多いものです。だから、満喫を体験できるお店は、集客力があるのです。

味の「見える化」で刺激する

POINT
チーズカフェのチーズフォンデュ。
固形のチーズが見えることでチーズ満喫を
訴求している。

40 さらに価値を高めるための一工夫

▼わざと香りを出す

五感刺激で商品価値を高める方法として、シズル感を説明しました。商品によっては、もう一工夫加えることで、さらに価値を高める方法があります。

例えば、**商品から香りが出るようにする**と、食欲を刺激します。釜飯だったら、香りを出す食材であるごぼうを少し多めに入れておきます。すると、フタを開けた瞬間、ごぼうの香りがふわっと出るので、おいしさ感がアップするのです。

薪で焼いた料理を提供するのも一つのアイデアです。炭よりも薪のほうが香りが出るので、それを焼き台に入れてわざと香りを出していく。そうすることで、薪の香りが店内に広がっていきます。炭火料理はいまや当たり前すぎるので、これからは香りの出る薪火料理がおもしろいのではないかと私は思っています。

▼重さを感じる焼き鳥の刺し方

焼鳥の重さをより感じる方法として、**先っぽを重たくする**というのがあります。

つくねをイメージしてみてください。すべて同じ太さで串につけるのと、先を太くして徐々に細くなるようにつけるのと、持ったときにどちらが重たく感じるでしょうか？

それは、先を太くしたほうです。焼鳥居酒屋でつくねを主力商品と位置づけているお店は、そこまでこだわってほしいと思います。

▼いびつな形のピザ

クライアント先のイタリアン店でわざとやってもらっていることがあります。それは、**ピザの形をきれいな円にしない**ということです。

粉からピザ生地を手づくりしているこのお店では、わざと形をやや四角っぽくしたりして手づくり感を訴求しています。ピザの形がきれいすぎると、既製品っぽく見えてしまうからです。不揃いのほうがコンセプトが伝わる場合もあるのです。

もう一工夫で刺激する

POINT 札幌のチルコのピザは薪火焼き。店頭に薪を陳列している。

POINT 出てくるピザはわざときれいな円ではなく、いびつな形にして手づくり感を出している。

41 一番商品は最も五感刺激できる商品にする

▼一番商品の出数を伸ばして売上を伸ばす

これまで商品施策に関して、いろいろな手法を紹介してきましたが、お店の中でどの商品にこれらの手法をまず適用すればいいのでしょうか。それは、お店を代表する一番商品です。

そもそも一番商品とは、それだけで他店と差別化でき、なおかつお店の中で最も売れる商品でないといけません。そうなっていない商品は一番商品とは言えません。ですから、**一番商品は、あくまでなじみ商品（他店にも置いているような人気のある商品）で、かつ差別化されたもの**でないといけません。

私のクライアント先につくねが一番商品の焼鳥居酒屋があります。ここのつくねはすべてお店で手ごねで仕込み、生から焼き上げているのでジューシーです。ボリュームは60g以上と大きく、粗挽きで、しっかりとした食感があります。このつくねを食べてもらうことが、他店との差別化を体感することになります。つまり、この一番商品の出数を伸ばすことが、このお店のファン客を増やすことにつながるというわけです。

▼主力商品の強化、そしてブラッシュアップ

一番商品が確立できたら、カテゴリーごとの主力商品にシズル感などの付加価値をつけていきましょう。「五感刺激のドミノ倒し」によって、お客様の心はそのお店にわしづかみにされます。

そして最終的には、お店のすべての商品にシズル感などの付加価値をつけていくという段階に入ります。ここまできたら、「このお店の商品はすごい」「何を食べてもおいしい」と評価してもらえるようになるでしょう。

そして、ここで終わりではありません。一番商品のブラッシュアップが待っています。**商品を時流に合わせてもっと魅力的にしていく**段階です。ある大手ファミレスチェーン店は、一番商品の改良をこれまで1000回やっているそうです。

最終的には、この商品のブラッシュアップをし続けたお店が勝者になると言えるでしょう。

一番商品でもっと刺激する

POINT

屋台らーめん日高の豚骨炙りチャーシューラーメン。

豚骨スープをクリーミーにしたり、マー油を加えたり、麺の小麦粉を北海道産に切り替えたり、チャーシューを炙ったり……。一番商品のブラッシュアップは繁盛店となった今でも継続している。

COLUMN 4

考え方がズレていると大きな成果は手にできない

月商 1500万円とか 2000万円の圧倒的な地域一番店と、月商 700万～ 800万円のそこそこの繁盛店の違いは何か、考えたことありますか?

最近、明確にわかったことがあります。それは、実は「考え方の違い」だったのです。

考え方が違うので、現場でやっていく施策も変わってきます。

使い古された言葉ですが、「お客様第一主義」というのがあります。皆さん、公の場などではこの言葉をよく使っていますが、実際はいかがでしょうか? 会社の会議で顧客満足度を上げる内容中心の会議をどのくらいされていますか? すぐに原価率やFLコスト(材料費 +人件費) を優先させていませんか?

飲食店経営において、そこそこの繁盛店で終わるお店の経営者は利益最優先の考え方をしています。会社の会議ではもっぱら売上、FLコスト、利益の話ばかりです。

これに対して、圧倒的一番店の経営者は「目の前のお客様を興奮させること」を最優先にしています。どうやったら、もっとお客様が興奮して楽しいお店になるのかを真剣に話しています。利益は後からついてくると心から思っているのです。

これが、結果が出ているお店と出ていないお店の大きな違いです。

スキルやテクニック以前に、考え方がズレていると大きな成果は手にできません。お客様を楽しませるということが、商売の考え方のベースにないと長続きはしません。

目の前の業績が悪いときこそ、まずはそこから。原点から見直す必要があるかもしれません。

5章

五感刺激の販売促進で反応率をアップさせる

42 当たるチラシも五感刺激

▼チラシは大きいほうが当たる

自店の販売促進でチラシやポスティング、地域情報誌など紙媒体を使っているお店も数多くあると思います。紙媒体を使う場合、そもそもその大きさが反響率に大きく影響します。当然、大きいほうがよく当たるのですが、私の経験では、**サイズを2倍にすると、反響率が約3倍違います**。

A4よりもB4のほうが、存在感があります。さらにB4よりもB3にすると、飲食店としては最も大きいチラシになります。そうすると、情報量も多く出せますし、写真も見映えが変わってきます。

そこにクーポン券も複数枚掲載することで、1枚のチラシで複数回来店されることになり、今までよりも3倍の反響率を出すことが可能になるのです。

ちなみに過去の成功事例では、チラシからの誘引売上だけでなく、そこから販促費と原価を差し引いた誘引粗利も3倍になりました。サイズを大きくすると、費用対効果もアップするのです。

▼安心感の徹底訴求が反響率を高める

チラシから新規客を呼び込む場合、反響率を高めるには、とにかく安心感を出すことです。代表的な安心感を出す方法としては、以下の2つです。

①お客様の声や写真を掲載する

お客様の声は、アンケートなどで地道に集めておきます。その中で特によかったものをピックアップして載せましょう。他のお客様からの評価が高いというのは、説得力になります。

②実績（販売数やメディアなど）を掲載する

実績に関しては、これまでどれだけ売れたのかという販売実績や、TVや雑誌などにも取り上げられるほどのお店といったメディア実績が説得力になります。もし、そういった実績があれば、こちらも積極的に載せましょう。

ここでのポイントは、どれだけお店側が言葉を駆使して売り込んでも、他人からの評価のほうが説得力があるということです。

チラシで集客する

POINT お客様の声や写真を掲載して、安心感を訴求している。

43 個人情報を上手に取得し、次の売上につなげる方法

▼名簿数を増やして売上をつくる

お客様の個人情報はお店にとって、かなり大きな財産になります。例えば、お客様の名前や住所は、次のはがきDMなどの販促をする際に活用できます。宴会シーズン前に宴会プランなどを告知したり、閑散月に感謝祭などの企画をしたりしてできます。

携帯メールアドレスも、季節の旬の食材を使ったメニューやフェア情報などの告知に使えます。こういったリピート販促をするためにも、**お客様の個人情報は多ければ多いほど、効果を発揮する**のです。

私のお付き合い先でのはがきDMの反響率は約15％です。そうすると、個人情報数が100件のお店では、1回のはがきからの誘引組数は15組です。それが1000件のお店では、単純に150組の来店が見込めるのです。

個人情報の数が倍増すると、その反響も倍増します。数が増えても反響率は下がりません。名簿の鮮度は反響率に影響しますが、数が多いから低くなるということはありません。これは何としてでも集めるべきです。

▼個人情報を思わず書いてしまうやり方

お店のアンケートやスタンプカードなどから地道にお客様の住所を取得しようと思うと、かなり時間がかかります。また、この方法では個人情報を教えたくない人も多いため、数もたいして集まりません。

では、どんな方法が集まりやすいのかというと、例えば、**「抽選で○名様に××が当たる」というイベントを店内で開催する**のも一つの手です。そして、誰もがほしくなるものを一等にする。そこに「当選者は発送をもってお知らせします」と記載しておくと、個人情報はできれば教えたくないけど、一等がほしいから書いてくれるというわけです。

このやり方で、今までアンケートからの個人情報の取得率が5％だったお店が、いきなり50％に増えた成功事例もあります。ちなみに、一等の景品で最も効果があったのは、人気テーマパークのペアチケットや温泉宿泊券です。参考にしてみてください。

アンケートで集客する

日頃の感謝を。キャンペーン!

クイズ回答用紙(答えをお書き下さい)

下記の ? にあてはまるものをご記入下さい。

Q1．当店の名前はとり ? 。　A1

Q2. 当店の名物は
炭火 ? 、串揚げ、釜飯である。　A2

当選者の発表は景品の発送をもって代えさせて頂きます。

お名前		男・女	
ご住所	〒		
お電話	(　　)	生年月日	年　月　日

POINT 抽選で温泉旅館の宿泊券やお店で使える食事券が当たるキャンペーン。お客様に店内の抽選用紙に住所・名前を記入してもらい、当選者には商品チケットの発送をする。

44 興奮するレベルの特典とは？

▼新規客には興奮するレベルの特典をつける

販促をする際、何かしらの特典はつけるべきですが、それが**お客様が興奮するものかどうか**によって反響率に大きく影響します。

例えば、「お会計5％割引」とやっても、お得感は感じません。お客様は日頃からもっとすごい特典を見ているので、そのくらいでは何も響かないのです。

私は基本的に割引はおすすめしていませんが、新規客を呼び込むためと割り切って販促を打つときは、大胆な特典を提案しています。例えば、居酒屋の新聞折込チラシでは、お会計より1000円割引券とか、刺身の盛り合わせ（2000円相当）半額券などです。FAXDMでは、生ビール何杯飲んでも100円という企画をやってもらったこともあります。

このような思い切った特典をつけるのは、**チラシで今まで自店に来ていない新規客に1回来てもらうため**です。とにかく1回来てもらって、自店を体験したもらう。そこで気に入ったらリピートしてくださいい、という狙いです。そのためには、もちろん自店の商品やサービス、雰囲気に自信がないとできません。自店がリピートしたくなるレベルのお店になったら、思い切った特典で新規客を呼びましょう。

▼よりお得感を感じる特典を選ぶ

居酒屋チラシのクーポン券に、お会計20％割引券とドリンク全品半額券の2つがあった場合、あなたはどちらがお得感を感じますか？

あるセミナーでこの質問をしたとき、多くの人が後者のドリンク全品半額券に手を挙げました。しかし、この2つの特典の割引金額はほぼ同じなのです。

この居酒屋のドリンク売上構成比は約40％、客単価3000円なら1200円分がドリンクです。つまり、半額の600円が割引になります。

一方、お会計から20％割引だと、どうでしょう。3000円の20％は600円です。計算上は同じ割引額なのです。それなら、よりお得感を感じるほうを特典にするべきです。

特典で集客する

POINT

5日間限定で半額金券バックの新聞折込チラシ。インパクトのある割引で新規客の集客を目的としている。

45 透明封筒のDMでびっくりさせる

▼飲食店から透明封筒のDMが届く

私の顧問契約先でやっている販促の一つに、**透明封筒のDM**があります。これは忘新年会や歓送迎会シーズンの入口である11月や2月にお客様に発送します。

このDMをわざとA4サイズの透明封筒で送るのです。手元に届いた透明封筒のDMが飲食店からのものだったらどうでしょうか？　多くのお客様がそんな経験はほとんどありません。ですからその分、印象に残るのです。

飲食店からの、普通のはがきDMやポスティングチラシでの案内は目にすることがあると思います。しかし、これがあなた宛ての封筒で届いたら、少し驚くのではないでしょうか。実際、この方法でやると、普通のはがきDMよりも反響率は高くなります。

また、はがきよりも情報量が多いこともポイントです。顧客名簿をたくさん集めて、他とは違う目立つ方法でDMを送る。そうすると、高い反響率を叩き出すことができます。コスト面でも、メール便などを使えば、70円くらいで発送できるので、はがきと比べてもそこまで大きなコストアップにはなりません。ぜひ挑戦してみてください。

▼他店がやらない販促をあえてやる

透明封筒DMは、他店がやらないような販促をするという考え方でやっています。他店がはがきDMならうちは透明封筒のA4DMにすることで目立つ。こういった差別化の発想が必要です。

例えば、FAXDMやグルメサイトの有料会員、フェイスブック広告なども地方都市では有効です。東京や大阪の繁華街では、こういった販促をしているお店は既に多数ありますが、地方都市ではまだまだ多くはありません。あえてそれを先取りして実施することで目立ちますし、高い反響率が期待できます。

そういった意味でも、**時流の先端を走っているエリアではどんな販促をしているのか**、それを常に意識しておきましょう。いずれ地方都市でも効果を発揮するときがやってくるはずです。

透明封筒のDMで集客する

POINT 飲食店では珍しいA４の透明封筒でDMを送る。他店がやっていないのでインパクトがあり、反響率も高い。

46 3回来店してもらうと安定客になる

▼3回安定10回固定の法則

お客様は**同じお店に3回来店すると安定客になり、10回来店すると固定客になる**という法則があります。言い換えると、3回くらい同じお店に行くと、次に外食に行く際の候補に入るということです。ですから、まずは何とかして3回来店してもらいたいのです。

これは外食に限ったことではありません。理美容室やスーパーマーケットでも同様です。例えばA店というスーパーがあります。3回くらいA店を利用すると、次にスーパーに買い物に行く際に、お客様の頭の中ではA店が候補に入ってくるということです。逆に言えば、3回くらい行かないと候補にさえ入らないとも言えます。

そこで、**3回の来店を促すクーポン券**をおすすめします。クーポン券はお札サイズがいいでしょう。お客様の財布の中に自店のクーポンがある状況をつくるのです。そして、最低3回は来店動機をつくる。そうすることで、まずは安定客化を目指します。

3回来店されたら、あとは携帯メール販促やDM、ポイントカードなど、その他の販売促進なども活用して10回固定客化を実現させましょう。

▼ゴールの遠いスタンプカードは意味がない

よくある間違いの一つに、ゴールが遠いスタンプカードがあります。

10回目や20回目の来店で初めて特典や割引があるというのは意味がありません。その時点では、既にお客様は固定客になっているので、スタンプカードがなくても、お店を気に入って利用しているからです。

効果的なリピート販促とは、次の来店時に特典があることです。そのクーポン券をもらった瞬間に「次に使おう」と思ってもらえれば効果的です。

レジで配布するクーポン券やスタンプカードはリピート客づくりの補助ツールです。あくまで重要なのは売り場や商品、接客などの初来店時の体験ですが、こういうツールがあることで、2回目、3回目の来店を促進することができます。

3回安定客化を目指すためのリピートクーポン券

POINT 新聞折込チラシなどの新規客獲得のための販売促進を実施したタイミングで、店内でクーポン券を配布しよう。そうすることで、多くの新規客が安定客になることを促すことができる。

POINT 3つのクーポン内容を変え、ランチ客をディナータイムに誘導することも目的としている。

47 グルメサイトで誘導率を上げる方法

▼ネット検索上位のキーワードを入れる

ぐるなびやホットペッパー、食べログなどのグルメサイトからの売上は**アクセス数×誘導率**で決まります。アクセス数については、それぞれのグルメサイトが料金のプランなどの違いで、上位表示を決めているケースが多いです。もちろん、高いお金を払って上位表示を目指すのも一つですが、別の方法もあります。

例えば、**飲食店でよく検索されるキーワードをページの中に入れる**という方法です。よく検索されるキーワードはグルメサイトの担当者に聞けば、たいてい教えてくれます。それを参考にするのです。

「誕生日」「食べ放題」「ランチ」などは、検索上位のキーワードです。それに該当するプランをつくって載せていく。そうすることで、ネットからの売上を高めることができます。

また、メインのキャッチコピーなどには、**自店のUSP（ユニーク・セリング・ポイント）**、すなわち独自固有の長所を載せるようにしてください。これだけ飲食店の数が多いと、独自固有の長所でまずは惹きつける必要があります。例えば、他店にはない一番商品などです。

▼なるべく写真＋文字を使う

グルメサイトでトップページなどの写真が自由に表現できる食べログなどでは、商品写真だけとか、文字だけではなく、**写真の上に文字が重なったPOPのような打ち出し**がベストです。これは何も食べログに限ったことではありません。すべての販促物において、「写真の上に文字」がベストです。

私の顧問契約先では、食べログのトップページに「写真＋文字」のスライドを複数枚掲載しています。

エリア×業態でその地域の店舗一覧が出てくるページでも、写真＋文字のスライドを入れるようにしましょう。他店の多くは商品写真になっています。自店は写真＋文字のPOPのようにして、表現の仕方でも差別化していきましょう。

グルメサイトで集客する

グルメサイトの有効活用のポイント

①ぐるなび

→ 宴会客向け。
宴会コースをしっかり載せるのがポイント。
小さなお店には向かない。

②ホットペッパー

→ 女性客、ファミリー客向け。
魅力的なクーポンを載せる必要がある。

③食べログ

→ 個人店向け。
写真+文字のPOP風画像で他店と差別化する。
大衆店やチェーン店には向かない。

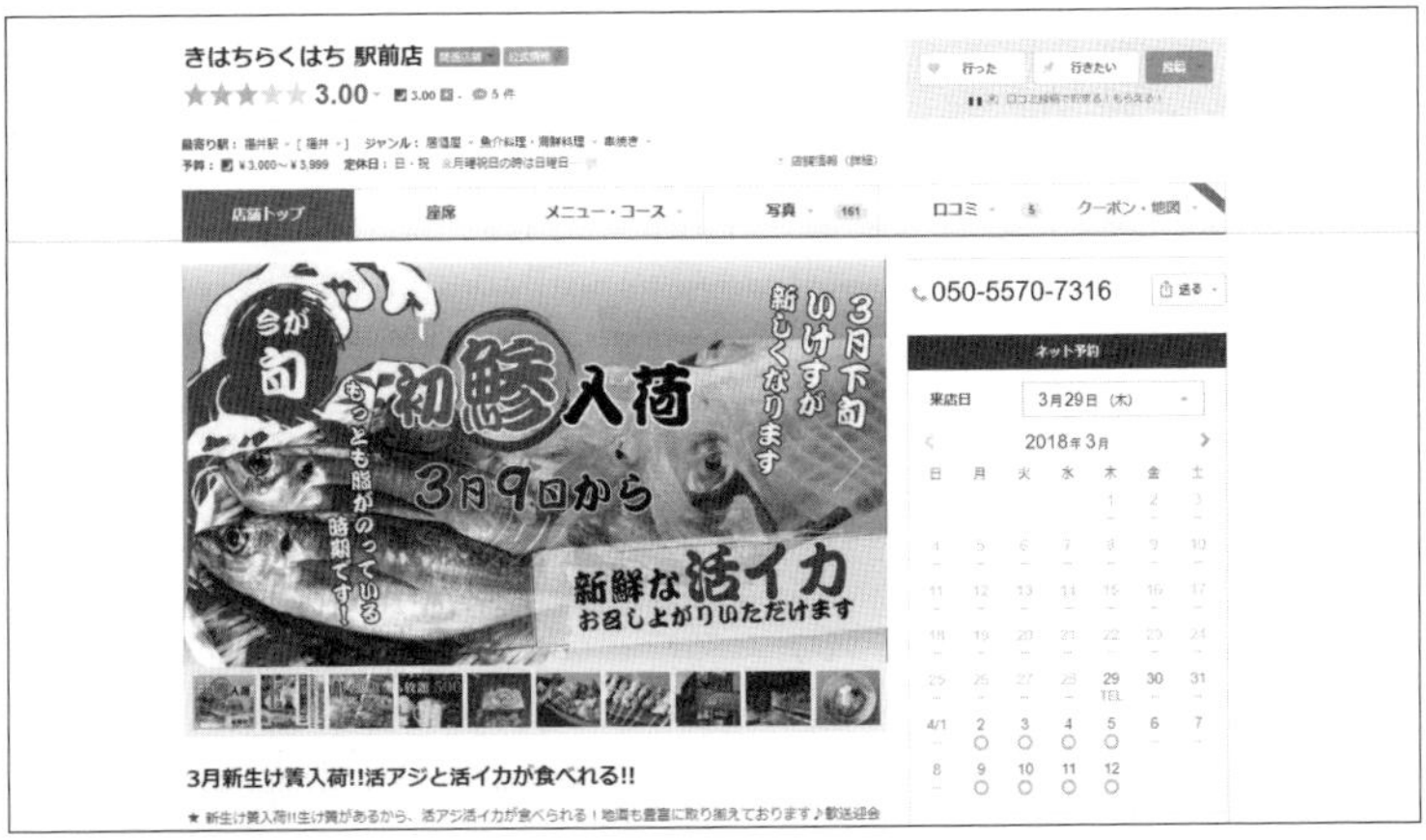

POINT トップページに写真＋文字のＰＯＰ風画像を載せ、他店と差別化している食べログページ。

48 インスタグラムを活用する

▼インスタ映えする商品とは？

近年、「インスタ映え」という言葉が流行し、それが一部で集客力を持っていることは事実です。しかし、消費者の投稿はなかなかお店ではコントロールできません。ここでは、インスタグラムで投稿されやすくなる商品について説明します。

ＳＮＳなどに投稿してもらうためには、４章の商品でも説明したシズル感の付加が基本です。①**アツアツ感や冷や冷や感、②ボリューム感、③色彩感、④本物感**、これらはできるだけ付加して、写真が撮りたくなるようにしてください。

そして、お客様の本能を刺激する盛りつけをしましょう。これは、トッピングを上からたっぷりかけるといったような切り口です。

例えば、パンケーキがあります。この上にたっぷりの生クリームがのっているのと、別添えで生クリームがついてくるのとを想像してください。どちらが瞬間的に本能を刺激する盛りつけでしょうか？

答えは前者です。上にたっぷり生クリームがのっていると、パンケーキと生クリームが一体となっているため、甘さを満喫する商品になります。しかし、別添え提供では、別々のものに見えてしまうため、お客様はペース配分を考えるなど、冷静になってしまうのです。どちらの盛りつけがより興奮するのか、そういった視点が重要です。

▼「撮影ＯＫ」のＰＯＰを貼って抵抗感をなくす

お客様の中には、店内で写真を撮るのは気が引けるという方もたくさんいらっしゃいます。実際、それを許さないお店もあるからです。

そんな方の心理的ハードルを下げるためにも、お店には**「店内、商品写真ＯＫ」のＰＯＰ**を貼りましょう。そうすることで、このお店は大丈夫なんだと安心し、写真撮影を促進することができます。

手元に写真が残っていれば、インスタグラムやＳＮＳへの投稿も増えていきます。その結果、都心部の飲食店では集客数が上がったという報告もあります。

「インスタ映え」で集客する

POINT 「店内・商品写真ＯＫ」のＰＯＰを貼り、撮影のハードルをなくし、拡散してもらおう。

49 フェイスブックを集客できる媒体にする方法

▼とことん「いいね！」を集める

フェイスブックでは、まず自店のページを作成し、とにかくそのページの「いいね！」を集めにいってください。その数は多ければ多いほどいいです。店内でPOPを貼って、フェイスブック内にお店のページがあることをしっかり告知してください。

自店のページに「いいね！」を一度でも押してもらうと、お店が何か記事を投稿するたびに、お客様のニュースフィードの画面に記事が出てくるようになります。つまり、フェイスブック内で自店の存在を繰り返しアピールできるのです。

ですから、まずはたくさんのお客様に、ページの「いいね！」がもらえるようにしていきましょう。

▼足元商圏に記事広告を出す

フェイスブックで最も使えるのが**記事広告**です。これは自店が何か記事を書いたときに、自店のターゲットとなるエリアや客層に絞って、有料広告を出すというものです。集客イベントなどを記事で投稿した際は、この有料広告を使って、多くの人に拡散することが可能です。

フェイスブックの記事広告のいいところは、他の販促媒体でアプローチできていない層にも告知できるということです。そして何よりも、他の販促よりも価格が安いことです。あるお店では、1000円で2000人にリーチできました。これは、1000円で2000人の目に触れたことを意味します。フェイスブック広告は、費用対効果の高い販促なのです。

記事広告を出して、そのページに「いいね！」をもらったら、今度はその人たちに**お店ページの「いいね！」をリクエスト**しましょう。最終的にフェイスブックを有効に活用するには、お店ページの「いいね！」の数になります。

有料の記事広告で「いいね！」をもらった人には、お店ページの「いいね！」のリクエストができるので、地道ですがやっていきましょう。それで数が集まれば、フェイスブックは集客できる媒体になります。

フェイスブックで集客する

フェイスブック成功のポイント

①とにかくまずはページの「いいね」を集める

②週に2〜3回は投稿する。動画も効果的

③足元商圏のターゲット客層に絞って
ページ広告を出す

POINT

友達にページの「いいね」をリクエストするなどして、「いいね」を集める。

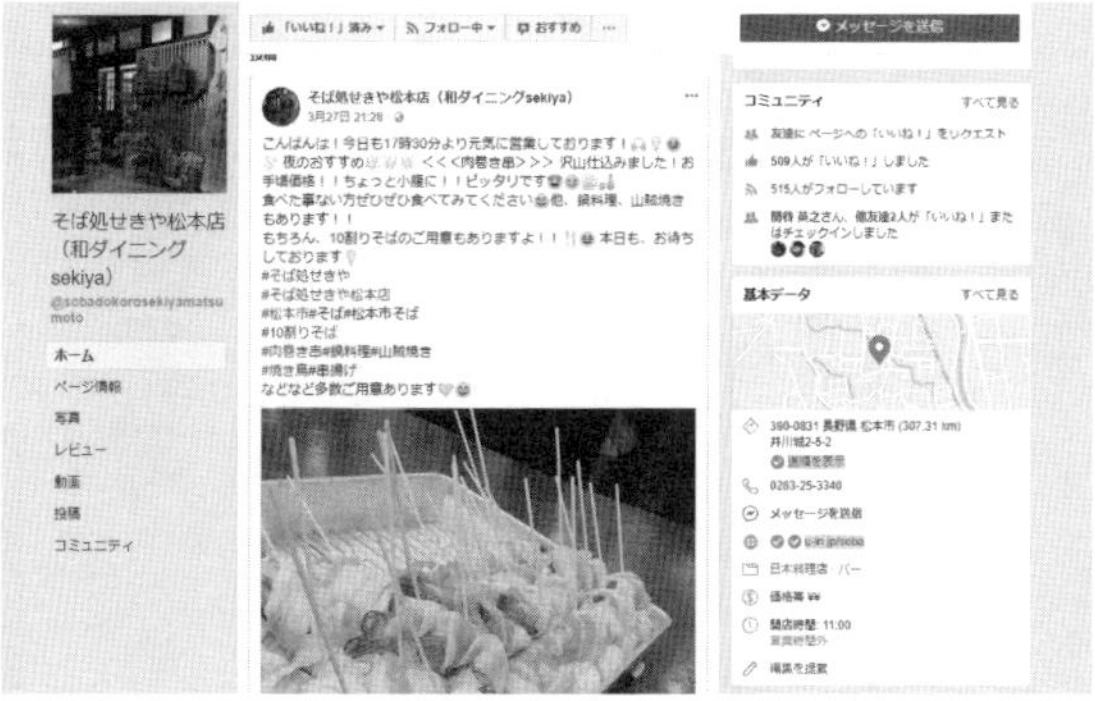

POINT

投稿した記事は、有料で広告を出すことができる。記事の「いいね」を集める。

50 携帯メール販促で売上をつくる

▼開封率100%の販促

携帯メール販促は、私たちの顧問契約先では、大変反響率の高い販売促進です。

あらゆる販促媒体の中でも、このメール販促が最も効果が高いとも言われています。その特徴は以下の通りです。

①高い即時性……企画を思いついたら、すぐに配信できる。雨の日割りや雪の日割りなどもできる。

②ローコスト……月々1万円程度でできる。紙媒体、グルメサイトなどよりもコストは安い。

③開封率100%……携帯メールは基本的に必ず開封します。その他の販促はまず目にするかどうかが一つのハードルになります。

④刷り込み……月々定額の販売促進であるため、週に1回程度繰り返し打つことができる。それによって、自店の存在をしっかりお客様に植えつけられる。

このように携帯メールならではのメリットはたくさんあります。

▼入会特典をつけてしっかり集める

インスタグラムやフェイスブック同様、こちらもまずは携帯メールの会員数がとにかく必要です。100や200では、反響率は高くても売上への貢献度は小さいです。2000や3000は集めましょう。それくらい集めると、企画を打つたびに客数が増えるという現象が起きます。

会員数を集めるには、**入会特典があること、入会が簡単であること**が必要です。入会特典は、「ドリンク1杯サービス」など、その場ですぐもらえる特典にしましょう。登録はQRコードを読み取って、空メール配信ですぐに登録できるなどの環境づくりをします。さらに、テーブル上にA4サイズで携帯メール会員用のPOPを置いてどんどん集めましょう。

ここまでやればどんな業態でも、また地方都市でも会員数が増えていきます。お客様のメールアドレスは財産です。それを有効活用して来店頻度アップ、売上アップを実現しましょう。

携帯メールで集客する

POINT

携帯メール販促は、ローコストで即時にお客様にアプローチできる。

中には、会員数が8000名を超えているお店も。企画を打つたびに反響があり、売上にもつながる。

51 当たる集客イベントを企画する

▼おいしさのイメージがあるものを目玉にする

お店で集客イベントを企画する際は、**既においしさのイメージが浸透しているものを使いましょう**。

例えば、北海道祭りです。北海道は全国的に食材や料理がおいしいイメージが浸透しているため、本州や四国、九州の飲食店が北海道祭りを企画すると集客につながります。特に、海鮮系の業態では有効です。

北海道とおいしい海鮮は、お客様の中で密接につながっているため、「北海道祭りをやっているなら、今のうちに行こう」となりやすいのです。

▼マーケットの大きいものを選ぶ

フェアで集客するためには、マーケットの大きいものを選ぶ必要があります。海鮮系だったら「まぐろ祭り」や「かに祭り」などです。魚種でなくても「寿司祭り」などでもいいと思います。肉系なら、夏場に「ステーキフェア」などがいいと思います。

マーケットが大きいか大きくないかは、専門店があるかどうかが一つの判断基準です。例えば、釜めし祭りはどうでしょうか？　専門店がかなり少ないですよね。専門店が少ないということは、それだけマーケットが小さいことを意味します。そういうものを選んでしまうと、当たる集客イベントにはなりません。

▼異業種からもヒントをもらう

集客イベントを考える際、私はコンビニやスーパーを参考にすることがよくあります。コンビニには、今どんなものが売れているのかを観察しに行きます。

あるときコンビニに行ったら、抹茶フェアをやっていました。抹茶のデザートを集めて、ある区画を抹茶フェアとして打ち出しているのです。これは飲食店でも使えるかもしれないと思い、デザートを主力のお店でそれを提案しました。抹茶系のデザートを10種類くらい用意してフェアを展開したところ、その期間、お店の売上は10％以上伸びました。

先ほどの北海道祭りも、百貨店などの北海道物産展の大繁盛ぶりを見てヒントを得たものです。

イベントで集客する

POINT　年に一度の集客イベントとして、北海道祭りを開催している居酒屋のチラシ。

52 FAXDMはインパクトで集客する

▼費用対効果の高いFAXDM

飲食店の販売促進の一つに**FAXDM**があります。これは、何かしらの集客企画を、近隣の企業やお店にFAXを送信してお知らせするというものです。

FAXの送付は、それ専門の業者に委託しています。FAX送付会社は日本全国のリストを持っているので、そこに委託します。ですから、自社の手間はほとんどかかりません。意外とこのやり方を知らない飲食店も多いですが、地域によってはかなり有効に働きます。私の経験では、近くに工場などがあると反応が高いです。

これまでの成功事例でいうと、FAXを3000件に配布して、費用は約5万円、そこからの売上が132万円でした。費用対効果が高いのです。

▼紙面とタイミングも重要

FAXDMを当てるコツですが、まず**1枚1記事**にしてください。1枚のFAXに企画を複数入れると、何が伝えたいのかがぼやけて、印象に残りにくくなります。1回のFAXでは1つの企画だけを訴求しましょう。

次に送るタイミングですが、**私は金曜日のお昼前**をおすすめしています。金曜日のお昼に飲食店からのFAXを目にして、昼休みに「今日の夜ここに行こうよ」と同僚を誘うというイメージです。

▼100円生ビールで新規客をバンバン集める

これまで最も集客したイベントは、「何杯飲んでも1杯100円生ビール」という企画です。これはかなり集客できます。しかしこの価格では、ビールだけで考えると赤字です。他の料理や飲み物をオーダーしてもらって、お店として儲かるイメージです。

このイベントを実施するときは、**メニューや商品が変わったタイミングで、しかも内容に自信がある**ことが必要です。新規客の何割かが確実にリピーターになるという自信です。結局、これで集客してもリピーターがつかないようでは意味がありません。

ＦＡＸＤＭで集客する

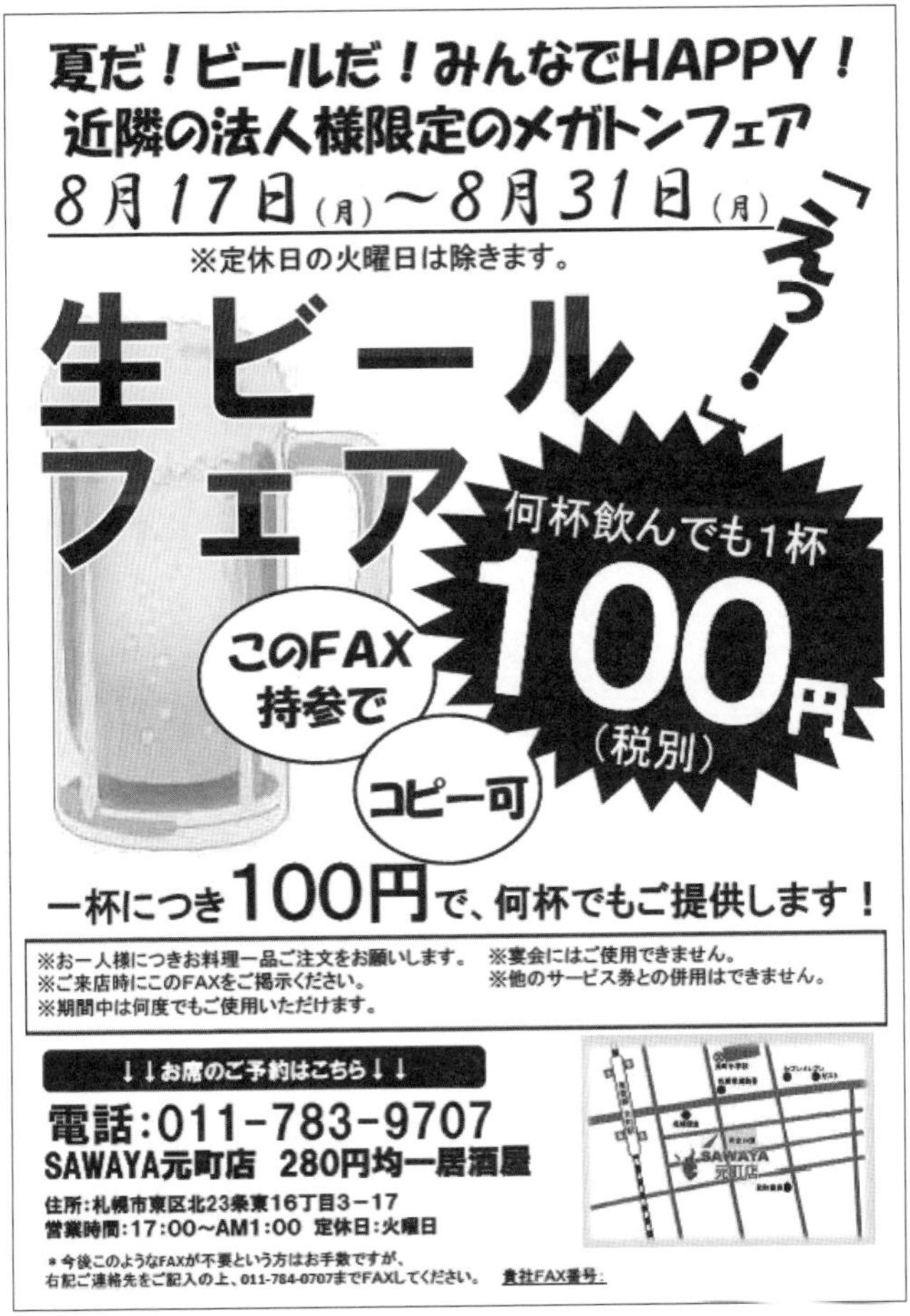

POINT

ＦＡＸＤＭで大きな反響が期待できる生ビール100円フェア。リニューアルやメニュー変更時に合わせて実施したい。

53 そもそもお客様が行きたいと思うタイミングか

▼外食に行きたくなるタイミング

販売促進でしっかり集客するためには、タイミングも重要です。8月や12月に販売促進を提案すると、そこはほっといても来るからと、その時期の販促を断られることもあります。しかし、**多くのお客様が来店する繁忙期こそ、まだ自店に来ていない新規客も外食に行こうと思っているタイミング**なのです。

春休みや夏休み、冬休みなどの大型連休は、多くのファミリー客はどこかに外食に行こうと考えています。そのタイミングで新聞折込チラシを実施する。そうすることで、多くの新規客を獲得できます。当たり前のことですが、実際に行なっている飲食店は意外と少ないというのが、飲食コンサルタントをしていて感じるところです。

結局、飲食店は、**過去最高月商を追求することが売上を押し上げるポイント**です。今年の8月は過去最高売上を超えたなどとなると、年商ベースでも過去最高が出ていたりするものです。とにかく、繁忙期に過去最高月商を出すつもりで販促企画を考えるのが、売上アップの近道です。

▼閑散月はリピート販促をする

繁忙期には新規客向け、そして2月、6月、10月などの閑散期にはリピーター向けの販売促進をおすすめします。

リピーターは一度自店に来ていますので、自店に来るハードルは新規客より低いものです。そこで、自店が保有している名簿などを使って、はがきDMを送ったり、携帯メール販促で何か企画を打ってみてください。季節のフェア商品などを中心に打ち出してみるとよいでしょう。

忘新年会や歓送迎会の案内も、リピーターに向けてしっかり告知しましょう。こういった宴会は一度自店を利用している人たちから獲得しやすいのです。

宴会の場合は、先ほど紹介した透明封筒のDMを使うなど、告知の仕方も差別化するとより高い反響が獲得できます。

タイミングで集客する

A は繁忙月に新規客獲得の販促を行なった店舗の売上イメージ
B は繁忙月に販促を行なわなかった店舗の売上イメージ

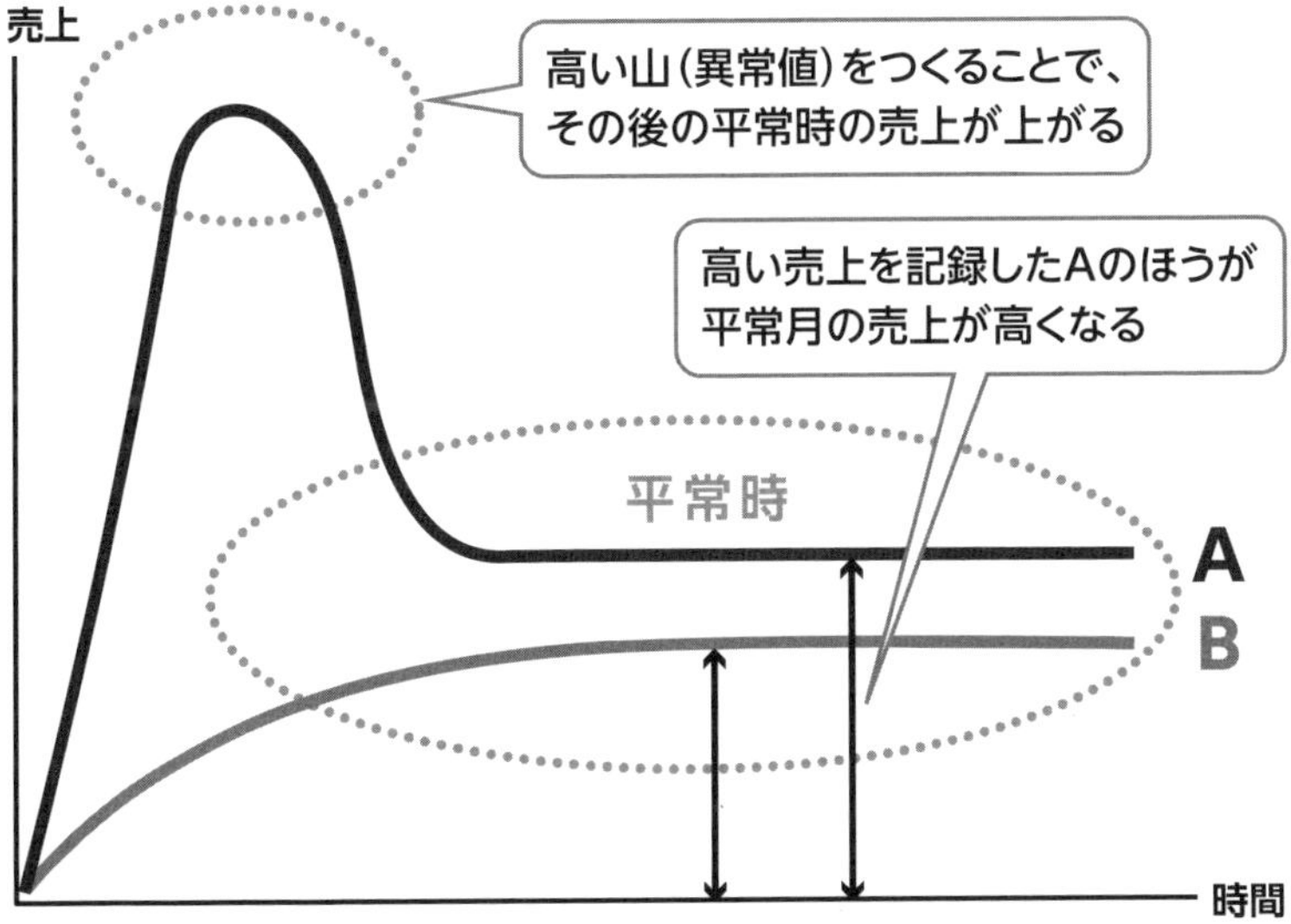

異常値法

①一定期間に異常なまでの高い売上を記録すると、その後の平均売上が上がる。

②オープン時や繁忙期の販促には、この法則を当てはめて考える。そのため、オープン月や繁忙月にはより高い集客を狙えるような販促を実施する。繁忙月の売上が高ければ高いほど、1年間の売上が高くなる。

③お客様が「外食しよう」と考える大きな需要期の入口では、新規客獲得の販売促進をしたい。

COLUMN 5

多くの会社がまだ気づいていない「差別化の切り口」

「パーソナルユース」という言葉をご存じですか?

パーソナルユースとは、「個人で使用すること」です。外食産業で考えると、個人で使用するお店のことです。

日本はここ10年くらいずっと、パーソナルユースのお店が増えています。セルフサービスのカフェやうどん店、セルフ食堂などはその典型です。また、ラーメン店や牛丼店、カレー店などもパーソナルユースのお店ですね。

その反対はグループユース。団体客向けのお店です。居酒屋や焼肉店、中華料理店などは、多くがグループユースのお店です。

日本の外食産業全体を見ると、パーソナルユースのお店が増え、セルフサービスのお店が今は当たり前になっています。

しかし、外国に行くと違います。例えば、中国。たくさん存在する中華料理店は大テーブルを大人数で囲んで食べる、典型的なグループユーススタイルです。

発展途上国では、パーソナルユースのお店に比べると、まだまだグループユースのお店が中心です。

実は、マーケットが成熟化してくると、パーソナルユースのお店が増えるという現象が起こるのです。好き嫌いがはっきりしてきて、自分は自分、他人は他人という意識が強くなります。肩が触れ合うのも嫌になります。そして、どんどんマーケットがパーソナル化していく。

ここ10年の日本では、"パーソナル化に対応した会社が大きく成長している"と言えるのではないでしょうか。スターバックスコーヒー、丸亀製麺、餃子の王将、吉野家、一蘭などなど。

実はこの視点が大きな差別化要素をつくる上で役に立ちます。例えば、「この商圏にパーソナルユースのそば店をつくる」「この商圏の居酒屋はグループユースばかりだから、一人でちょっと飲めるメニューを導入する」など。この切り口も一つの差別化なのです。

ぜひ、そういった視点でも自社の商圏を見てみてください。まだ空いているポジショニングがあるのではないでしょうか。

6章

新規客が思わず入店したくなる店頭のつくり方

54 基本はとにかく目立つこと

▼店頭は新規客を集めるツール

店頭づくりにおいて最も意識しなければいけないのは、**店頭から新規客が獲得できるかどうか**です。歩いている店前通行客が何か気になるお店かどうか、郊外なら店の前を通過している自動車の乗客がおもしろそうなお店があると思うかどうかです。

そして、その興味を持つのも持たないのも、まずは**お店の存在自体が伝わる**ことが重要です。店前を歩いていても、存在感が弱くて、その存在すら伝わらないのはもったいないことです。お店の前を100人通過したら100人が気づく店頭づくりが必要です。

中には、「うちは隠れ家コンセプトで、そんな大きな看板をつけたりしたくない」というご意見もあります。しかし、それは接待向けのような高級和食店など、ごく一部のお店の場合です。わざとわかりづらくして、口コミでお店の存在を広げるのも一つの戦略ですが、多くの飲食店ではそれが機会ロスになります。圧倒的に多くの飲食店では、まずは店頭の存在感を主張することが大事です。

▼間口いっぱいの大きな看板、明るい照明

その存在感を出す上で重要なのが、①**間口いっぱいの大きな看板**、②**他店よりも明るい照明**です。特に駅前や繁華街立地のお店は景色と同化しないこと、他店よりも目立つことを意識してください。

まず存在感を出すために、**看板は間口いっぱいにつけるように**しましょう。物件の横幅いっぱいを使って看板をつけるのです。そうすることで、小さなお店でも看板の面積が大きくなり、外から見たときのお店の存在感がアップします。

次に店頭の照度です。夜中心の業態なら、特に重要です。もし、現状で明るさが弱ければ、**照度をアップさせただけで売上は上がります**。私のこれまでの経験で言えば、約10％売上が上がったお店もあります。店頭の電球のワット数を上げるだけでも存在感がアップし、売上はアップするのです。

間口いっぱいで存在感のある看板

POINT　大きくて明るい看板。郊外ロードサイド店は車で走っている人からもしっかり目立つことが必要。

55 一工夫することで存在感はさらにアップする

▼大通りからどう見えるのか

店頭づくりにおいては、**人通りの多い通りからどうお店が見えるのか**が重要です。看板に角度をつけたほうがよく見えるとか、ここに大きな提灯をつけて袖看板代わりにしたほうが大通りから見えるとか、そういった一工夫がほしいところです。

例えば、大阪の天王寺に海鮮居酒屋のうおはるというお店があります。このお店は、出店時に私も一緒に物件を見たのですが、駅近くで、人通りの多い通りから一つ入った路地にありました。この物件は人通りの多い道からはすぐであるため、店頭を工夫すれば、大通りからも存在感がつくれると判断して、出店に踏み切ったのです。

そのための一工夫が**店頭看板に角度をつける**というものです。大通りからどういう角度にすればお店が見えやすいのかを考えて、左ページの写真のように、看板を前に突き出したのです。そうすることで、大通りを歩いている通行客からも、お店の存在がわかりやすく訴求できているのです。

▼わざと不揃いにすることで気になる

店頭看板をきれいに形を整えるよりも、**わざと不揃いにして目立たせる**という方法があります。

例えば、建物に対してばらばらの角度で多くの木札をつけます。そうすると、垂直にきれいにつけているお店よりも何か気になる存在になるのです。郊外ロードサイドのお店では、車を運転しながら何か気になるお店にしないといけません。そういったときに、このような手法を使います。

また、ある天ぷら定食店では、**わざと枠からはみ出る看板**を使っています。四角い形の看板の場合、その上からその形に合わせてデザインをするというのが一般的です。しかし、この天ぷら定食店では、わざとその四角からえび天の尻尾の部分をはみ出させて気になるように工夫しているのです。

人間は整っているものよりも何か不揃いなもの、アンバランスなものに目がいくものです。

つい目にとまる看板の一工夫

POINT メインの通りからお店がよく見えるように、看板をわざと斜めにつけている。

POINT メニューの木札をわざと不揃いにつけて、目を惹いている。

56 店頭で本物感は絶対必要

▼どんなお店でも本物感を出すべき

飲食店の店頭づくりでは、本物感も必要です。存在感があって、その上でお客様が興味を持つかどうかは、そのお店がおいしそうな商品を出してくれるであろうという期待感が必要です。そのためには、**どんなに安い業態でも本物感は出すべき**です。

本物感を出すために、こだわりたいのは色使いです。例えば和食系のお店の看板なら、色合いは白地に黒文字がおすすめです。とにかく目立つからといって、和食店で黄色地に赤文字などを使うと、確かに存在感はありますが、本物感は出ません。

本物感がないと、おいしそうな商品が出てきそうな期待値が高まらないため、入店につながりにくくなってしまいます。存在感と同時に、いかにして本物感を出すかが重要なのです。

また木札や提灯も、存在感や本物感をアップするのには有効です。焼肉店では、白地の提灯に黒文字で「黒毛和牛使用のお店」などと書いて店頭で訴求すると、「おいしそうなお肉が出てきそう」という期待感が高まります。

▼手書き文字を使って一歩抜け出す

本物感を出すためには、文字のフォントにもこだわってください。いかにもパソコンっぽい文字よりも、手書き風の文字のほうがこだわりを感じます。できるだけ手書き風のフォントを使用してください。

また、看板の文字をズバリ手書きで書いてくれる業者もあります。それを生業としているので、特徴のある独特の文字で存在感があります。

私のお付き合い先でもラーメン店などは、そういった業者に発注しています。あるラーメン店では、「どうせいらーめんお約束します」と看板に手書き文字で大きく書きました。これだけで売上は約10％アップしましたし、県外ナンバーの車も増えたのです。

店頭の変更は、売上に直結します。もし現状で本物感が出ていなければ、チャンスロスを起こしていると考えてください。

手書き文字で本物感を出す

POINT うどん店の看板。白地に黒色の筆文字で本物感を出している。

57 店名ではなく、何屋かを明確にする

▼そもそも何屋かわかるか

先ほども言いましたが、店頭の目的は新規客の獲得です。店頭を見ただけで入店したくなるかどうかを強く意識してください。その際、**そもそも何屋かわかるかどうか**が重要になります。

例えば、車を運転していて、今日のお昼はうどんを食べようと思っている人がいるとします。その人が、看板で「湖崎亭」というお店を発見しました。しかし、うどんという文字が小さく、それを発見できませんでした。そうすると当然、通り過ぎますよね。次のうどんと大きく書かれたお店に入ってしまいます。

つまり、重要なのは店名よりも何屋かがわかることです。それがわからないと新規客の入店率は確実に落ちます。

▼屋号と店名の考え方

何屋かわかることがそもそも重要ですが、それを冠名や店名で表現することがよくあります。先ほどのうどん店でしたら、「○○製麺」「○○うどん」とかにしてしまうというやり方です。私のお付き合い先でも、新店の場合は店名をどうするかというのはいつも議題にあがります。

そこで提案しているのが、**冠名で何屋かをズバリ書いてしまう**というやり方です。

例えば、焼鳥居酒屋だったら「炭火焼鳥・唐揚げ・もつ鍋　とり善」という具合です。冠名にお店の３大名物を書いてしまうのです。そうすると、何屋かが明確になります。店名にも「とり」を入れることで、専門店であることを伝えています。単品商売のお店で天ぷら定食店だったら、「天ぷらめし　天之助」という感じになります。

今の時代は専門店の時代です。お客様は焼鳥を食べたいときは焼鳥屋に行きますし、魚を食べたいときは海鮮居酒屋に行きます。いつも一つのお店ばかり使う人は少ないのです。

何屋かを明確に表現することで、「○○を食べたい」と思っていた店前通行客の反応を促しましょう。

何屋かが一目でわかる看板

POINT　一目で何屋かわかることが大事。天ぷら定食専門店の天之助では、「揚げたて　天ぷらめし」と表現している。

58 店頭で一番商品を表現せよ

▼店頭で一番商品を出すとリピーターが増える

一番商品とは自店を代表する看板商品であり、他店との差別化ができる商品、そして自店で最も売れている商品のことを言います。

その一番商品を店頭で出す理由は大きく二つあります。一つは、**他店との違いを店頭で伝えて興味を持ってもらう**こと、そしてもう一つは、**注文を一番商品に誘導してリピーターになってもらう**ことです。

一番商品はそれだけで差別化ができているため、注文してもらえれば自店のファンになっていただきやすいのです。それを店頭の第一印象でお客様に伝えることで、メニューブックを見る前から「これを食べてみよう」と思ってもらえるようになります。その結果、注文数がアップし、自店のファンが増えるというわけです。

例えば、うどん店で牛すじカレーうどんが人気のお店があります。その場合は、店頭のA型看板などで「名物牛すじカレーうどん」と写真つきで大きく掲載するのです。そうすると、お客様はそれを見て入店するため、その商品の注文数が上がり、その結果、リピーターが増え、売上アップにつながります。

▼のぼりやポスターで季節商品を出す

まずは一番商品を看板などで表現すること。それができたら季節商品も出すようにしましょう。

これは、常時同じものを出すわけではないため、のぼりやポスターなどローコストなツールで対応しましょう。

こうした表現で、「今の時期はちょうどそれを食べたかった」というお客様を集客できます。

例えば、駅前の定食店であれば、夏は「うなぎ定食」、冬は「カキフライ定食」を店頭ポスターで出したり、ロードサイドの居酒屋なら冬には「もつ鍋」をのぼりで7本くらい出したりします。その結果、この時期はこれを食べたかったというお客様を集客できます。

このような視点からも、私はどんな業態でも季節商品はあったほうがいいと思っています。

店頭で一番商品をアピールする

POINT

入口左側の赤のタペストリーで自店の主力商品を明確に打ち出している。さらに酒樽を積むことで、日本酒も売りだということを伝えている。

59 店頭で鮮度感を訴求する

▼食材を見せてその他大勢から一歩抜け出す

本書では、鮮度感が集客力になることは繰り返し述べてきました。その**鮮度感を店頭で訴求する**という方法があります。

東京のある繁盛海鮮居酒屋では、冬には店頭で、氷詰めの発泡スチロールに入った牡蠣や金目鯛、黒ソイ、帆立、大ハマグリなど殻つきの貝やマルの魚が多数陳列されています。さらにその奥には、鮑の入った生け簀も見えます。店頭で魚の鮮度感がわかりやすく表現されているのです。

ここまでやると、店前通行客の目を惹きますし、今日魚を食べたいと思っている人はこのお店を思い出すでしょう。

何も海鮮居酒屋に限ったことではありません。焼肉店でも店頭から見えるように冷蔵ショーケースに入った肉の塊を見せたり、うどん店では、小麦粉の入った袋を店頭に積み上げたりすることで、食材の本物感、鮮度感を訴求できます。

店頭で鮮度感を訴求すると集客力につながることをぜひ覚えておいてください。

▼調理実演を見せる

鮮度は食材だけではありません。料理のできたて、つくりたても鮮度です。ですので、**調理実演が見えるように店頭をつくる**のも集客力アップになります。

小籠包を包んでいるところが見える中華料理店、うどんを湯がいているところが見えるうどん店、天ぷらを揚げているところが見えるそば店、焼鳥を焼いているところが見える焼鳥店……そういったお店は調理実演を店頭で見せることで集客につなげています。

特にショッピングセンターや人通りの多い商業施設内では、調理実演が見えるように店舗設計をすることをおすすめします。

店頭リニューアルで、天ぷらを揚げているところを見えるようにしたそば店では、約10％売上が伸びました。店頭で調理しているとそれだけで人の目を惹き、入店率が上がるのです。

調理実演で鮮度感を出す

POINT

通路に面するようにオープンキッチンを配置することで、店前通行客の食欲を刺激して入店率を高める。

ショッピングセンターや通行量の多い立地では、このような設計がおすすめ。

60 最後の一押しは安心感

▼外から中が見えるという安心感

店頭で興味を持ったお客様が、**入店を決意する最後の決め手となるのが安心感**です。「このお店なら入ってもよさそうだな」と感じるかどうかで入店率は大きく変わります。

例えば、隣同士で喫茶店があるとします。中がまったく見えず、重厚な扉のA店と、店内の雰囲気が見えて、落ち着いた雰囲気が外からでもわかるB店があった場合、皆さんはどちらに入りますか？

おそらく大半の人たちがB店を選びます。新規客の場合、A店は怖くて入りづらいのです。外から中の雰囲気が見えるというのは安心感であり、集客力です。

お客様は飲食店を訪れる際、さまざまな利用動機があります。あるときは同僚と他愛もない話で盛り上がりたい。またあるときは彼女とデートでいいムードになりたいなど。

外から中が見えると、その利用動機に合わせてお店を選ぶことができます。しかし、それが伝わらないと不安で入りにくいのです。ですから、なるべく外から中が見えるように店舗を設計してください。

▼予算がわかるという安心感

もう一つの大きな安心感が予算です。

お客様はいつでも入店前から必ず予算を持っています。今日は飲んでも1人3000円までで抑えたいとか、今日は家族4人で外食だけど全員で1万円で抑えたいなどです。ですので、**店頭で価格を出すのは予算の安心感になります**。

私のお付き合い先に、ある地方の寿司居酒屋があります。そのお店は当初、店頭には店名が小さく書かれた看板があるだけでした。存在感も弱く、安心感もない。そこで、4つの目玉商品を木札にして店頭に並べたのです。「ビール395円」「刺身480円」などです。

木札は大きくて明るくしました。これが活性化のきっかけになりました。そこから5年連続で売上が伸びていき、今では繁盛店になっています。安心感を付加したことで、新規客が増えた成功事例です。

店内の様子でお店選びのミスマッチがなくなる

POINT 店頭から中が見えることで店内の雰囲気が伝わり、新規客にとって入りやすいお店となる。

61 看板の視認性が高い物件はいい物件

▼いい物件の条件とは？

店頭づくりの最後に、いい物件の選び方について解説したいと思います。なぜここで物件選びの話をするかというと、それくらい店頭の見え方が物件選びにおいて重要だからです。結論から言うと、**看板がよく見える物件がいい物件**です。

例えば、繁華街で飲食店がひしめき合っている地域があります。夜の人通りは抜群で周辺には繁盛店も多数あります。しかし、その分家賃は高額です。その中に空き物件がありました。間口が狭い長方形の細長い物件ですが、右も左も飲食店で、どちらも対象物件よりも間口が大きかったとします。この場合、この物件はやめたほうがいいでしょう。どうやっても存在感が出しにくい物件はスルーするべきです。

存在感を出せないと、店頭からの新規客の獲得が弱くなるので、大手チェーン店でない限り私はおすすめしません。ちなみに大手チェーン店は既にネームバリューがあり、それだけ集客できるので話は変わってきます。

▼2階や地下でも条件次第ではGO

私のクライアント先でも、最近では商業ビルの空中階や地下の物件の話が多々あります。しかし、これには注意が必要です。東京や大阪の大繁華街になると、空中階でも家賃はかなり高いので、よほど繁盛しないと利益は出ません。うかつに手を出すと、大赤字になってしまいます。

しかし、ある条件を満たしていれば、出店候補物件になります。それは、看板の視認性です。これも結論は同じなのです。2階や3階でも、よく目立つ大きな看板がつけられて、なおかつ通行客の視界に入ってくる場所である。その場合はいい物件です。地下の物件でも、1階部分に大きい看板がつけられる場合はいい物件です。看板と同時に一番商品や価格も掲載できると、かなりいいでしょう。

1階よりも家賃は安い分、空中階や地下のほうがよりいい物件になる可能性もあります。

2階や地下でも看板次第で入店してもらえる

POINT

２階でも、大きな看板をつけられる物件は、店前通行客にお店の存在を知ってもらえるため、よい物件といえる。

COLUMN 6 昨対売上159%アップの居酒屋

先日お伺いした居酒屋の数字がかなりよくなっていました。このお店は私が重点的に見ている居酒屋で、ちょうど1年前からお付き合いがスタートしたお店です。

昨対売上は、3ヵ月前　150.1%、2ヵ月前　130.1%、先月　159.8%と、加速的に伸びています。

このクライアント様は行動スピードが速いので、1年でここまで伸びたと思っています。行動スピードの差が、業績アップの上昇率の差になります。

それでは、どんなことをして伸びたのか、ポイントをまとめてみます。

①商品のブラッシュアップ

……この1年、毎月訪問しては商品チェックをし、鮮度の強化や盛りつけ、シズル提供などを改善してもらいました。商品のブラッシュアップを続けることが、新規客のリピート率をアップさせたのです。

②差別化メニューの導入

……競合店にはあまりおいていない、差別化メニューをいくつか導入しました。このお店でいうと、しゃぶしゃぶや串揚げです。

そして、この差別化メニューの出数が伸びるようにメニューブックも変更しました。

③店頭の変更

……新規客の獲得率を上げるためとコンセプトの明確化のために店頭を変更してもらいました。大きくて明るい、そして和のデザインにして、存在感と本物感を感じる店頭にしました。店頭でお客様が抱くイメージと店内のメニューや商品が合致していないといけません。当初はそれができていませんでした。

新規客にとって、店頭で思った印象と中身が違うとなると、期待を裏切られることになり、リピート率は極端に低くなります。

これらの施策で、なぜ売上が伸びたのか？　考えていることは、実はとてもシンプルです。

それは、どの優先順位でやるべきか？ ということです。まずはリピート率を上げる取り組みをして、それから新規客を増やすようにしましょう。

優先順位を間違えると、売上は自動的には伸びていきません。何をやるかも大事ですが、どの順番でやるかはもっと重要です。

7章

接客でさらに五感を刺激していく

62 接客ではなく「サービス」である

▼アメリカと日本の違い

年に数回、クライアント先の企業と一緒にアメリカやヨーロッパに行って、世界の繁盛店視察ツアーを開催しています。そこで特にアメリカと日本が大きく違うポイントが接客です。

アメリカには、チップ文化があります。多くのアメリカの飲食店では、お客様のチップはホールスタッフの収入になるそうです。そのため、サービスに力が入っています。例えば、レストランでは、最初のお冷はすべて目の前で注いでくれます。中間バッシングもまめにしてくれて、常にテーブル上には無駄なものがありません。1つのテーブルに対する配慮が日本以上になされています。

日本にも接客のいいお店はありますが、ほとんどの飲食店は注文をとる、料理を運ぶ、片づけをする、レジを打つなど、ホールの仕事が作業化していると思います。

接客ということに関して、アメリカの飲食店では、「サービスをする」という概念があります。お客様に対して奉仕をする。日本でも接客という言葉を使わずに「サービス」という言葉を使ったほうがいいと思います。

▼サービス強化で一歩抜け出す

数多くの飲食店の接客が作業化している中で、**しっかりサービスのできる飲食店をつくることができれば、大きな差別化になります。**

「このお店、スタッフの対応がいいね」と思ってもらうためには、お客様との接触機会を、オーダーをとることや、料理を運ぶこと以外にも用意しないといけません。そこで私は、**目の前最終仕上げ**の商品を導入して、その機会をつくっています。

例えば、ハンバーグならお客様の目の前でソースをかけてジュージュー言わせたり、ピザは目の前でカットしたり、シーザーサラダは目の前でチーズを削ってあげたりして接触機会を増やします。そうすることで、「このお店は接客もいいな」と思ってもらうようにしているのです。

サービスで刺激する

タイミング	よくある接客	理想的な接客
オーダーをとるとき	お客様に好きな商品を注文してもらう	お店の一番商品や主力商品にお客様を誘導する
料理を持っていくとき	お客様の会話を遮らないよう、すぐに客席から立ち去る	お客様の食欲を刺激するように、目の前で最終調理をする
グラスワインを持っていくとき	グラスに注いでから持っていく	お客様のところにボトルとグラスをそれぞれ持っていき、目の前で注ぐ
飲み物の追加オーダーのとき	押し売りになるので、お客様から言われるまで声をかけない	残量が少なければ、お店側から「お飲み物はいかがでしょうか?」と声をかける

63 おすすめメニューは目の前で印をつける

▼目の前で赤ペンの印をつける

私のクライアント先では、本日のおすすめ商品は手書きの白黒メニューにしているのですが、その中でも特におすすめの商品には、お客様の最初の接客時に「本日の特におすすめのメニューですが、こちらの○○になります。今朝お店に入ったばかりなので、新鮮でプリプリでおいしいですよ」などと言いながら、赤ペンで印をつけてもらっています。

業態にもよりますが、3～5品くらいをこのやり方で印をつけていきます。

接客時にこれをすることで、ホールの教育ができているお店だと感じてもらえますし、他店がそういったサービスをあまりしていないため、印象に残ります。

▼差別化商品に誘導すること

接客がいいと思ってもらうこと以外に、赤ペンの印をつけることには大きな意味があります。それは、**他店と差別化となる商品にお客様を誘導する**ことです。

このサービスを実践すると、赤ペンでおすすめした商品の出数が大幅にアップします。それくらいお客様はスタッフのおすすめに影響されます。

そして、その商品は自店を代表する一番商品やそのときに旬で最もおいしいものに絞っておすすめします。そうすると、お客様にそれを注文して食べていただけるので、このお店はおいしい、個性があっておもしろいと思ってもらえるというわけです。

どんなお店でも、すべてのメニューが素晴らしいとは限りません。自店を代表する一番商品や今が特においしい旬の商品に絞って、赤ペンをつけて誘導していくことで、それを体感してもらい、リピーターにつなげていくのです。

ただし、一つ注意が必要です。このときに価格の高い商品ばかりに誘導していくと、客単価が上がってしまい、お客様から「ちょっと高いお店だな」と思われてしまいます。おすすめ商品の価格はバランスをとるようにしてください。

お客様の目の前で印をつける

POINT　お客さまの目の前で、赤ペンで印をつけながらおすすめすることで、その商品の注文率がぐっと高まる。

64 素材を見せて鮮度感を伝える

▼素材を見せてから調理する

赤ペンで印をつけておすすめすること以外に、海鮮居酒屋などでは、**素材の現物を客席まで持っていっておすすめする**というやり方があります。

これは、発泡スチロールにその日の新鮮な魚をマルの状態でお客様のところまで持っていき、「本日のおすすめはこちらの○○になります。今朝お店に入ってきたばかりで新鮮です。焼いてもおいしいですし、煮つけにもできます」などと言いながら、一つひとつ魚を見せておすすめするのです。そうすることで、お店の鮮度感がお客様に伝わっていきます。

スペインのステーキが売りのバルでは、ステーキを注文すると、焼く前の赤い肉の塊をまずお客様に見せに来ます。「これからこちらを焼いてまいります」といった具合です。大きな赤い肉の塊はインパクトがあるので印象に残ります。

赤ペンでおすすめするよりも、現物の素材を持っていっておすすめしたほうが、素材の鮮度感を訴求できます。魚介類や野菜類、ステーキなどはそういったおすすめのやり方に挑戦してみてください。

▼日本酒は一升瓶を持っていっておすすめする

また、日本酒も最初にしっかりおすすめすると、出数が伸びます。これも手書きメニューをテーブルに置くことは最低限必要ですが、さらに出数を伸ばすために、一升瓶を客席に持っていくというやり方がります。おかもちに2本くらい日本酒の一升瓶を入れて客席に持っていくのです。

そして、「本日、特におすすめの日本酒は○○になります。とても飲みやすいですよ。ぜひお手にとってご覧ください」と言いながら、日本酒の一升瓶をお客様に渡します。そうすることで、冷えているといった温度も伝えることができます。

五感刺激で印象に残る飲食店にするためには、素材を見せるなどの視覚訴求や、日本酒を一升瓶で持ってもらうなどの皮膚感覚訴求も積極的にやりましょう。

お客様に素材を見せる

POINT 焼く前にステーキ肉の塊を見せる。焼く前だからこそ、肉の色や霜降りの具合が伝わる。

POINT あるイタリアンの繁盛店では、客席にワインボトルを持っていき、テーブルでおすすめしている。

65 ここまでやっている目の前最終仕上げ

▼目の前最終仕上げで五感を刺激する

お客様のテーブル上で**料理の最終仕上げ**をすることで五感を刺激することができます。

例えば、私のお付き合い先のハンバーグ店では、アツアツの鉄板の上にのったハンバーグをお客様の目の前でスタッフが半分にカットして、肉汁を出すことで、ジュージュー音を出します。さらにその上からソースをかけることで、さらなるジュージュー音をアピールします。

また、イタリアン店では、チーズパスタを一番商品にしているのですが、台車でパスタと器とホール型の大きなチーズを別々に持っていきます。それをお客様の目の前でパスタを大きなチーズの中に入れてよく絡めます。そしてそれを器に盛りつけて、さらにその上から匂いの強いチーズをかけます。そうすることで五感を強く刺激するのです。

サラダでもスピニングボールサラダというのがあります。これはお客様のところに台車で大きなボールに入ったサラダとドレッシングとチーズを別々で持っていきます。ボールを回しながら、ドレッシングを上からかけてサラダと絡めます。それを器にのせ、さらにその上からチーズを削ってかけるのです。

こういった目の前最終仕上げの商品を増やすことで、視覚、聴覚、嗅覚が刺激され、五感刺激型の飲食店になっていきます。

▼五感刺激は目の前最終仕上げから取り組む

五感刺激型飲食店を目指してつくっていく際には、まずお金のかからないところから取り組むお店が多いです。まずはメニューや商品、サービスといったところで五感を刺激していきましょう。その際に使えるのが、この目の前最終仕上げのサービスです。

目の前で仕上げることで視覚、聴覚、嗅覚を刺激し、お客様を興奮させることができます。これは一つあればいいというものではありません。五感刺激のドミノ倒しが必要なので、1つのお店にこういった商品がいくつもあったほうがいいのです。

お客様の目の前で最終仕上げする

POINT　繁盛イタリアン店のチーズパスタの目の前最終仕上げ。ソースとパスタを絡めるところをお客様の目の前で実演する。

66 目の前サービスで一歩抜け出す

▼ワイン、日本酒は注いであげる

ワインや日本酒のご注文をいただいたときなどは、**目の前で注いであげるサービス**を実践してください。そうすることで、気づかいのあるお店として印象づけることができます。

例えば、グラスワインでも、ボトルとグラスを別々で持っていき、目の前で注いであげます。ボトルの場合も最初の1杯目は目の前で注いであげましょう。

日本酒は一升瓶と器（片口など本物感のあるものがよい）、おちょこを別々に持っていき、目の前で器に注いであげましょう。その際に、一升瓶をお客様に持ってもらうのも五感刺激になります。日本酒のラベルを見せながら、「ぜひお手にとって見てみてください」と言って、一升瓶を持ってもらいましょう。

アメリカに行くと、レストランでは最初のお冷でも目の前で注いでくれます。アメリカでは、〝接客〟という概念ではなく、〝サービス〟という認識が浸透しています。飲食店のホールスタッフは、「サービスをしてあげる」という認識で日々仕事に取り組んでもらいたいものです。

▼間がもたないことはしない

目の前サービスでも、かえってマイナスに働いてしまうものがあるとすれば、それは目の前でずっと同じ作業をして、間がもたなくなることです。

例えば、ステーキのカットなどがそれにあたります。お客様の目の前で30秒間ずっとステーキをカットし続けるのは、間がもちません。お客様も時間が経つにつれ、気まずくなってきます。

これに対して、目の前でピザをカットしてあげるというサービスはおそらく10秒くらいなので、気まずくなることはないでしょう。

目の前最終仕上げも、五感刺激をしてお客様を興奮させるという目的から外れてはいけません。お客様を興奮させるために、「目の前最終仕上げ」のサービスをするということです。その目的が達成できないものは、あえてやらないようにしましょう。

お客様の目の前で飲み物を注ぐ

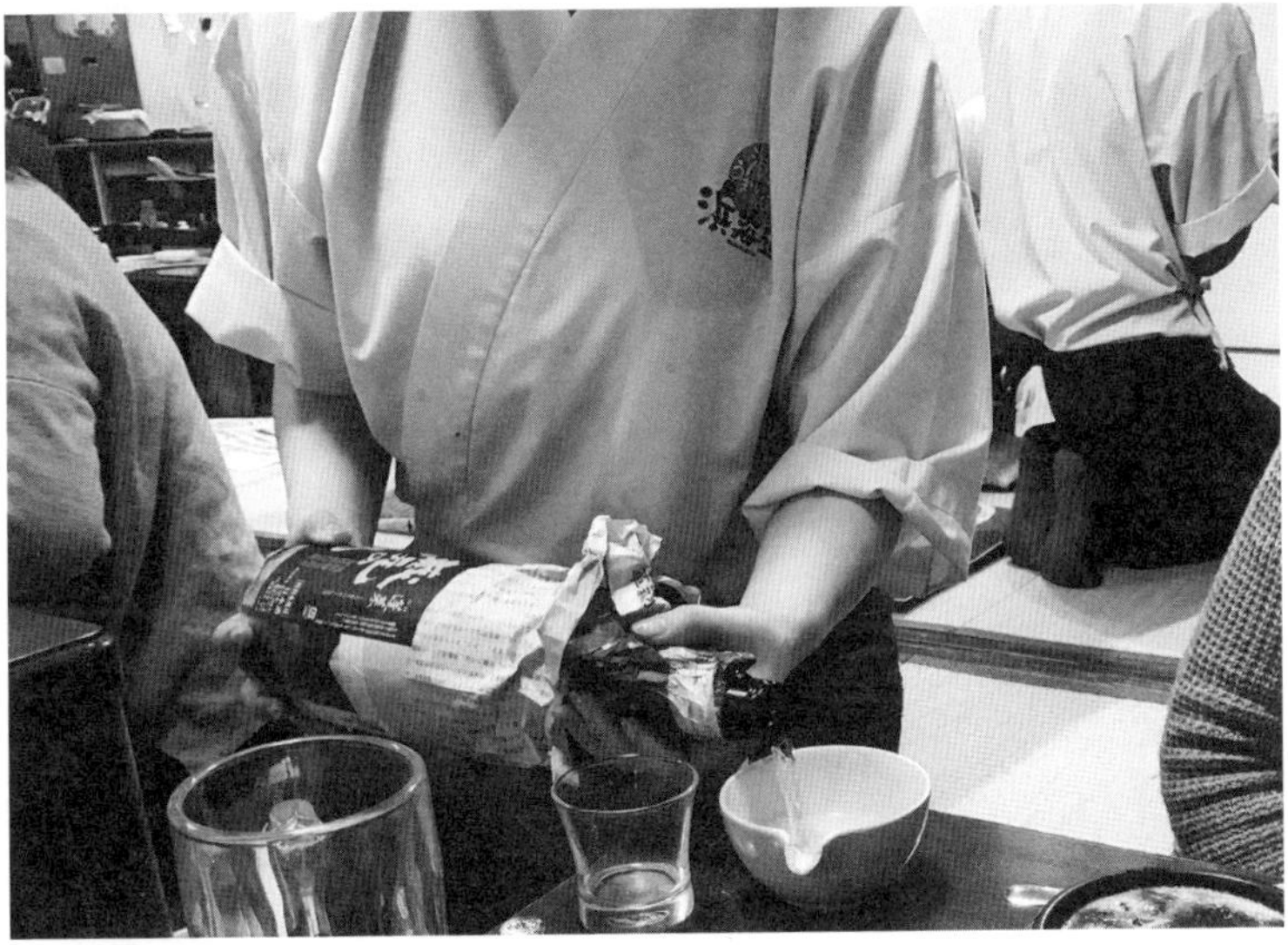

POINT 日本酒は目の前提供を基本とする。目の前で注がれるのと、注いだものを持って来られるのとでは、まったく印象が違う。

67 ユニフォームは本物感が出るものを選べ

▼ユニフォームは本物感にこだわる

ユニフォーム選びも、もちろん五感刺激の視点で選ぶ必要があります。お客様は見た目に左右されるからです。

私が最もいいと思うのは、**そのお店のコンセプトに合致した本物感のあるユニフォーム**です。

例えば、和食系なら白衣や白い帽子で職人っぽく見せましょう。特にオープンキッチンの中にいるスタッフにはそういったものを着てもらってください。そうすることで、商品のおいしさ感もアップします。

これがピンクのカラフルなTシャツだったらどうでしょうか。商品が偽物っぽく感じられるのではないでしょうか。

例えば、イタリアンならカラーシャツにワイン色のロングエプロンというのもいいと思います。本格的なイタリアンの雰囲気をユニフォームでも伝えていくのです。

▼安い大衆店でも本物感にこだわれ

こういった話をすると、うちは安い大衆店だから本物感は関係ない、ユニフォームは安いTシャツでいいと言う方もいます。しかし、これは間違いです。安い大衆店であっても本物感は必要です。

今、世の中は全体的に本物志向になってきています。本物が支持される時代なのです。

どんなに安くても本格的な手づくり料理、できたて料理、鮮度の高い食材を提供しているお店が支持されるのです。

20年前のように、冷凍食品だけでも繁盛する時代は終わっています。本物感を感じる演出は欠かせません。

特にユニフォームへの投資は、小さいコストで大きく印象が変わる部分です。その本物感が付加価値となります。どんなに大衆店でもユニフォームの本物感にはこだわってほしいのです。

ユニフォームにこだわる

POINT 海鮮居酒屋の繁盛店の厨房スタッフ。白衣、白帽を着用して、本格的な職人っぽさを訴求している。

68 おすすめトークには食欲を刺激する言葉を入れる

▼他店と差をつける食欲を刺激する言葉

お客様に商品をおすすめする際には、そのトークの中に**できるだけ食欲を刺激する言葉を入れましょう。**

例えば、焼鳥店で「三日五回炙りのとり皮」が一番商品というお店があります。この商品をおすすめする際、「当店のおすすめは、こちらの三日五回炙りのとり皮です」では、単なる紹介にとどまってしまい、その魅力がよく伝わりません。

これを「当店の名物はこちらの三日五回炙りのとり皮でして、3日かけて仕込み、5回炙ることで余分な脂を落としています。外はカリカリで中はジューシーです。今までにない食感なので、ぜひご注文ください」と言われるのとでは、お客様の感じ方が違います。お客様が「それなら一度食べてみようかな」と思うようなフレーズを入れてほしいのです。

▼食欲を刺激する言葉とは？

食欲を刺激する言葉としては、

①味覚……甘い、辛い、あっさり、こってり、濃厚

②シズル感……アツアツ、キンキンに冷えた、具だくさん、ボリュームたっぷり

③食感……もちもち、ジューシー、とろける、サクサク、ふわふわ

④製法……3日で5回炙ったとり皮、40日間熟成のステーキ、72時間完全熟成のうどん

⑤鮮度……今朝○○漁港から届いた魚、採れたての野菜、今朝当店に入ってきた新鮮なホルモン

こういった言葉をおすすめトークに盛り込むことで食欲を刺激します。

商品のおすすめが単なる主力商品の紹介で終わっているお店が多いのです。その中で、自店はお客様の食欲を刺激しながらしっかりおすすめする。それによって、おすすめ商品の出数も変わってきますし、ひいてはそれがリピート率の差にもつながります。

自店だけはぜひ、そのレベルを目指してやっていきましょう。

おすすめトークで刺激する言葉を入れる

	味覚系 TOP20/93 (n=1800)		食感系 TOP20/119 (n=1800)		情報系 TOP20/119 (n=1800)	
1.	うまみのある	39.9	もちもち	42.7	焼きたて	39.4
2.	ダシの効いた	39.2	ジューシー	41.8	贅沢な	38.2
3.	濃厚な	38.3	サクサク	37.7	揚げたて	36.3
4.	コクのある	37.2	とろける	37.4	鮮度のよい	36.0
5.	コク旨	35.2	もっちり	36.0	新鮮な	35.4
6.	香ばしい	34.1	ふわとろ	34.1	季節限定	34.4
7.	風味豊かな	32.8	もちっと	34.1	絶品	33.3
8.	コク深い	32.7	とろーり	33.7	炊きたて	32.9
9.	深みのある	32.7	ほくほく	33.4	国産	32.8
10.	やみつきになる	32.5	こんがり	32.2	プレミアム	31.7
11.	味わい深い	32.2	サクッと	31.7	本格的	30.8
12.	クセになる	31.9	シャキシャキ	30.9	採れたて	30.2
13.	クリーミー	30.2	ふわふわ	30.2	産地直送	30.0
14.	まろやかな	30.2	口どけのよい	29.2	旬	30.0
15.	極旨	29.7	コシのある	29.2	具だくさん	28.8
16.	みずみずしい	29.5	ふんわり	29.1	こだわりの	27.9
17.	美味	28.5	とろとろ	28.9	秘伝の	27.7
18.	フルーティ	27.8	なめらかな	28.6	天然の	27.2
19.	飽きのこない	27.2	カリッと	28.4	本場の	27.1
20.	芳醇な	27.2	じゅわっと	27.5	もぎたて	27.0

出典：報告書「おいしいを感じる言葉　Sizzle Word Report 2017」（株式会社ビー・エム・エフティー）より

POINT 時流と共にシズルワードも変遷する。今の時流に合ったシズルワードを選んで使っていこう。

69 サービス力向上は店長から

▼店長が背中を見せることが重要

赤ペンを使ってのおすすめ提案や、目の前最終仕上げなどのサービスを現場に浸透させるために重要なことがあります。それは、**まず店長が率先して実行する**ことです。

店長が実行せずにアルバイトにだけ押しつけているお店では、まず浸透しません。また、店長が最初だけやって、次第にやらなくなると、アルバイトたちもやらなくてもいいんだとムードになり、いずれやらなくなります。

店長が継続的にそれを実行して、背中で見せて、「うちのお店はこれをしないといけない」ということをアルバイトに見せていく必要があるのです。サービス力向上のカギは店長が率先して実行することなのです。

▼トークマニュアルを作成する

おすすめ提案や目の前最終仕上げで何を話すかは、ひながたがあったほうがいいでしょう。マニュアル教育はもう古いですが、最初のスタートアップの際にはひながたを用意して、こんな風に話すということを教えるといいでしょう。

例えば、炙り〆サバなら「失礼します。お待たせしました。当店自慢の炙り〆鯖です。こちらを今から炙ります。どなたかご協力をお願いします。今からレモン係になってください。僕が合図するんで、そしたらレモンを絞っていただきたいのです。よろしいですか？　失礼します。（バーナーで鯖を炙る）

僕が3、2、1とお声かけいたしますんで、そしたらレモンを絞ってください。全体的に、タイミングよくお願いします。タイミングがよかったらいい音が鳴りますんで。そろそろレモンの準備よろしいですか。3、2、1（レモンを絞ってもらう）。ああ、いい音ですね。ナイスレモンですね。器に気をつけて、カラシ醤油でお召し上がりください」

こういった具合に商品ごとにトークマニュアルがあると、浸透するのも早いと思います。

接客力強化の流れ

①オペレーション、トークマニュアルを作成する

↓

②店長がやってみせる、教える

↓

③スタッフ同士でロールプレイングする

↓

④店長が現場で率先してシズル提供する

↓

⑤（スタッフの接客現場を見て）店長がフィードバックする

POINT

サービス力がなかなか向上しないのは、実は店長自身がやっていないからというケースが多い。

店長が率先して実行していくことでサービス力はUPする。

COLUMN 7

飲食店経営者は今すぐ美術館に行きなさい

突然ですが、美術館に行っていますか?

飲食店経営者には、有名な美術館にぜひ行ってほしいのです。機会があれば、海外の美術館も見てください。そして、そこで絵の素晴らしさを体感してください。

なぜ、美術館をおすすめするのかというと、感性を磨けとかそういうことではありません。

美術館に行ったら、必ずガイドをつけたり、音声ガイドを借りてください。そしてガイドの説明を聞きながら、絵を見てください。そうすることで、情報の重要性、飲食店で言えば、接客でのおすすめトークの重要性を体感できるからです。

情報のまったくない状態で絵を見るのと、その絵が描かれた背景やその絵の見方などを聞きながら絵を見るのとでは、まったく価値が変わります。

情報のないままに絵の価値がわかる人は多くないでしょう。うまいだけの絵なら山ほどあります。世界的に有名な絵は、うまさよりも、その絵を描いた時代背景や画家のメッセージが込められているのです。そして、そのメッセージが語り継がれ、その情報と共に有名になり、絵の価値が高まるのです。

私たちの五感コンサルティンググループの海外視察ツアーでは、毎回、有名な美術館に行きます。そこでガイドの説明を聞きながら、飲食店経営者に絵を堪能してもらうだけでなく、実際に接客でのおすすめ提案の重要性を体感してもらっています。

8章

五感刺激で繁盛する飲食店の人材育成

70 社員と定期的にコミュニケーションをとる

▼月3回は会って話をする

私のお付き合い先には、店長たちそれぞれと必ず月に3回会って話をするという社長がいます。その会社は現在約20店舗を展開していますが、社長はそれを自らのノルマとして、ずっとやり続けています。

店舗回りで会ったときに会話をするのも1回に数えていますし、店長会議で会って、ちょっとした会話をするのも1回とカウントしています。必ず一人に対して月3回会って話をするようにしていて、忘れないようにチェック表をつけているそうです。

こういった地道な取り組みが重要なのです。社員が会社に対して不満を持つ理由の一つとして、会社の考えていることがわからないというものがあります。中小企業の場合、社長と疎遠になると、会社が何を重視しているのか、これからどうしていきたいのかが、働いている社員にはわからなくなります。そして、それが不満になるのです。

社長との定期的なコミュニケーションは、会社が考えていることを理解するための絶好の機会なのです。

▼やりがいと仲間づくり

会社が何を考えているかを理解するのと同時に、仕事へのやりがいを与えることや同志をつくることも同じように重要です。

仕事へのやりがいは、**結果と評価が連動していること**がまず重要です。結果を出したら、昇級、昇格の対象になるというのが基本です。どんなに結果を出した店長がいても、古株の店長を優先して出世させたり、年功序列を重視していると、優秀な若手店長ほど辞めていってしまいます。

仲間づくりも重要です。同じ組織の中に、同じような境遇の仲間がいることで、励ましたり、励まされたりといった心の通った関係ができていきます。

また同時に、ライバルもいたほうがいいでしょう。お互いに競い合うことで、向上することができます。組織づくりが上手な会社は、仲間やライバルをつくってあげることが上手です。

五感刺激マーケティングを実践するための組織づくり

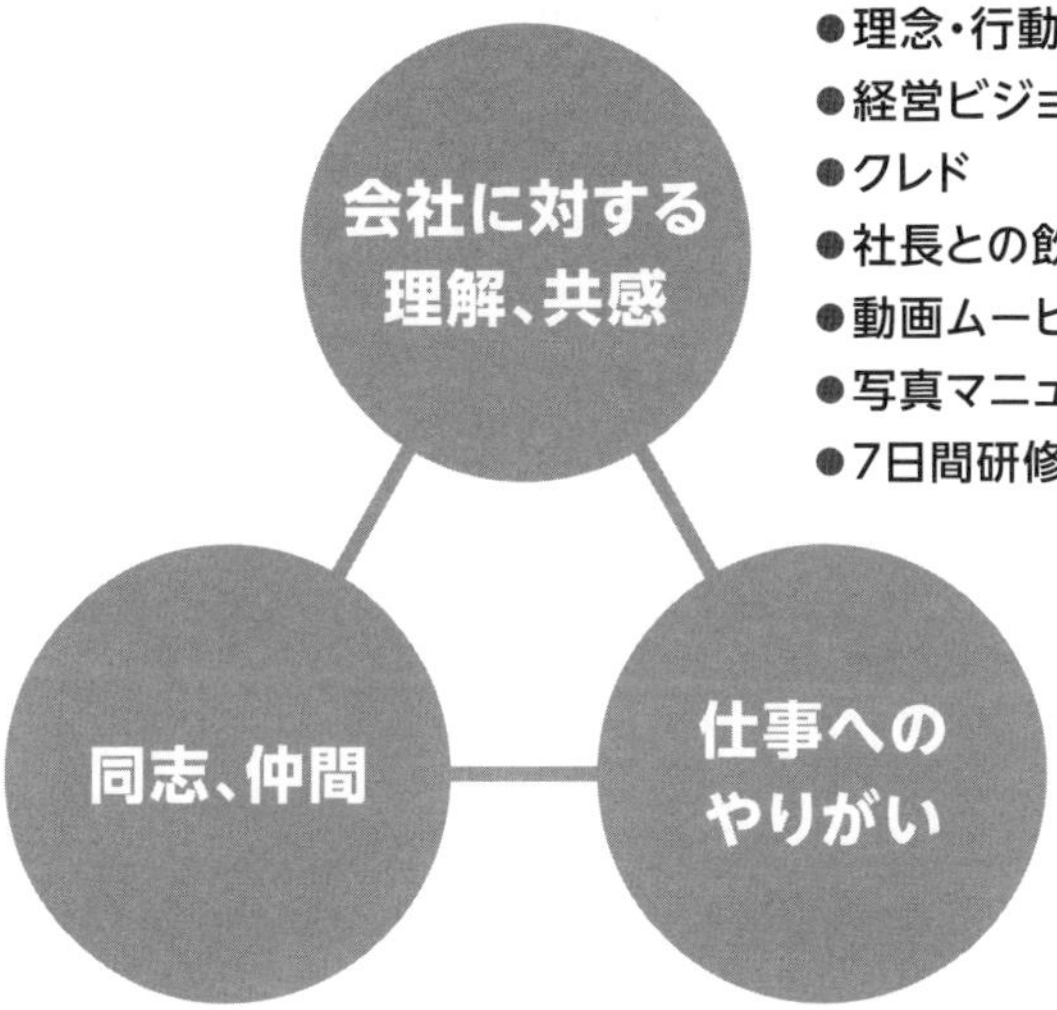

会社に対する理解、共感

- 理念・行動指針の復唱
- 経営ビジョンの開示
- クレド
- 社長との飲み会
- 動画ムービー
- 写真マニュアル
- 7日間研修　など

同志、仲間

- 店舗ミーティング
- メンバーと本音飲み会
- レクリエーション
- 本気の勉強会
- 本気の朝礼
- 各種プロジェクトチーム
　など

仕事へのやりがい

- 入店時研修
- 個人目標の設定
- 表彰制度
- 公正な評価による時給アップ
- MS調査（覆面調査）
- お客様の声のフィードバック
　など

POINT 社員のモチベーションを上げるためには、この3つのバランスが大切。人事評価制度だけではモチベーションは上がらない。会社に対する理解、共感や同志、仲間づくりにも仕組みが必要なのである。

71 紙マニュアルよりも動画マニュアル

▼動画マニュアルのほうが効果的

紙マニュアルと動画マニュアルがあった場合、どちらが機能するかといえば、今は断然、動画マニュアルのほうです。音と映像のほうが五感を刺激されるのでより頭に入ってきやすいのです。紙のマニュアルは読むだけで一苦労ですし、アルバイトの多くがそもそも読みません。紙マニュアルは仕事が正しい手順で行なわれているか確認するために必要ですが、**動画マニュアルのほうがとっつきやすい**のです。

動画マニュアルは家に帰って見るのではなく、新人アルバイトの入店初日に見てもらいます。30分くらいの動画で、必要最低限のホールの仕事やキッチンの仕事がわかるような内容です。

さらに、経営者からのメッセージが冒頭の10分程度入るといいでしょう。経営者がアルバイトスタッフに求めること、仕事を通じて学んでほしいことなどを経営者の口から説明した動画です。初日の動画でアルバイトのやる気のスイッチを入れるのです。

▼伝えたものではなく、伝わったものが情報

どこの組織でも新人が先輩によく言われる言葉に、「それ前も言ったよね」というのがあります。これは聞き手に問題があるように思えますが、実は話し手が悪いのです。話し手が相手に伝わるように伝えていないのが原因です。伝えたものではなく、伝わったものが情報なのです。

新人アルバイトに何かを教えるときは、どうすればわかりやすく伝えられるかまで考えて話しましょう。理解しやすい言葉やスピード、事例、その場でやらせてみるなど工夫してください。

先ほどのマニュアルも同様です。どれだけ分厚いマニュアルをつくっても、誰も読まなければ意味がありません。どういうツールなら伝わるのか、どうすれば教えたことが浸透するのか、そこも含めて教育ツールはブラッシュアップが必要です。教育の仕組みができれば、多店舗化は一気に進みます。他社を一歩リードするくらいの気持ちでやりましょう。

五感刺激マーケティングを実践するための動画マニュアル

POINT

アルバイトスタッフにとっては、動画マニュアルのほうが理解しやすい。
社長インタビューを入れて、経営者の想いを伝えるのも効果的。

72 百聞は一見に如かず。繁盛店を見に行こう

▼会社の経費でモデル店視察に行く

どんなお店にしていきたいか、そういったモデル店があれば、ぜひ店長や社員たちと見に行きましょう。経営者ばかりが繁盛店を見て勉強しても、現場のスタッフがそれを理解していなければカタチになりません。**現場スタッフに経営者のやりたいことを理解させるためには、それを実践しているモデル店に行って体感させることが最も早い方法**です。

私のクライアント先のある地方都市の会社では、経営幹部が日本全国を自由に出張しています。そして、いろいろなエリアの繁盛店を見て勉強し、それを社長に報告し、社内に落とし込んでいます。その結果、その地方都市ではありえないくらいレベルの高い繁盛店になっているのです。

自分たちが商売しているエリアだけの情報ではたかが知れています。あえて東京や大阪など競争の激しいエリアでの勝ち組店舗を見て勉強し、そのエッセンスを地方に持っていくから他店と差別化できるのです。

今の時代、情報収集力でも他社と差をつけることが必要です。

▼時にはセミナーや研修にも参加させる

私たちが年に2回開催している経営セミナーには、毎回200名前後の参加者が集まります。その中には、経営者のみならず、マネージャーや店長たちの参加も多いのです。正しいマーケティングのやり方を現場レベルの人たちにも聞かせたいと経営者が連れてきてくれます。ですから、1社10名で参加される企業もあります。

現場のスタッフにも経営者感覚で仕事をしてもらうことが必要な時代です。トップダウンだけでは限界があります。一人で考えるよりも、複数の人間でもっといいマーケティングアイデアがないかを考える。そのほうが精度の高いマーケティング施策を選択できます。どんなに大きなチェーン店でも現場からマーケティングの提案が上がってくる。そんな会社が、これからの時代の強い会社です。

繁盛店視察で見るべき差別化の8要素

①立地

➔ 店前通行量の多い、よい立地に出店しているか。店舗の視認性はいいか。

②規模

➔ 他店よりも多い席数、駐車場台数で差別化を図っているか。基本的に大きいほうが集客力は高まる。

③のれん（＝ストアロイヤリティ）

➔ チェーン店などの認知度のあるお店か。名前の通ったお店はそれだけで集客力がある。

④商品力

➔ 商品のおいしさ、鮮度、ボリューム、見た目など商品力の高さはどうか。

⑤価格力

➔ 安さと予算のわかりやすさがあるか。均一料金や食べ放題など予算のわかりやすいお店は集客力が高い。

⑥売り場力

➔ 調理実演の見える売り場、鮮度の伝わる売り場、にぎわい感のある売り場か。

⑦接客力

➔ おすすめ提案、目の前最終仕上げなどの印象に残る接客をしているか。

⑧販売促進力

➔ テレビCM、新聞折込チラシ、レジで配布するクーポン券などはあるか。その内容は強いか。

73 皆の前での表彰は強烈な五感刺激

▼優秀な社員は皆の前で表彰する

年に一度か二度、社員全員で決起集会のようなことをしている企業も多いと思います。その際は、ぜひ**その年に活躍した社員を壇上に上げ、表彰式をしてください。**

私が以前勤めていた大手コンサル会社では、新年会に約500人の社員全員が東京の大型ホテルに集められます。その夜の宴会の席で、前年度の優秀社員を発表し、表彰するのが習わしでした。いろいろな賞があるので、毎年20～30人くらいは表彰されていたと思います。

そこで表彰された人たちには表彰状と金一封が渡されますが、何よりもうれしいのは500人の前で表彰されること、また拍手喝采をあびること、受賞者インタビューを聞いてもらえることなのです。

ここで賞をもらった人たちの多くは、「来年もここで表彰してもらえるように頑張ります」と言います。それくらい、自分の功績を実感できる場なのです。

クライアント先の会社も含めて、何度かこういった決起集会にお招きいただいたことがありますが、優秀な社員を盛大に祝う会社は少ないと思います。ぜひ、盛大な表彰式で社員の五感刺激をしてください。

▼叱るときは個別に

逆に、仕事上でのミスや物足りなさがあるときは、みんなの前では叱らずに個別に呼び出して叱りましょう。みんなの前で叱ってしまうと、公の場で恥をかかされたという気分になり、プライドが大きく傷つきます。それが原因で辞めてしまうかもしれません。みんなの前で褒められるとうれしさが倍増しますが、叱られると悲しさが倍増するのです。

前述しましたが、個別面談の場を使って社員を叱咤激励していきましょう。マネジメントが上手な会社は、この個別面談がしっかり機能しています。逆にマネジメントが機能していない会社は、この個別面談をしていません。ぜひ、このあたりもしっかり取り組んでいきましょう。

賞で社員を刺激する

社長賞

会社への貢献度が高く、社長が今年はこの人が最も輝いていたと思う人

接客大賞

お客様を喜ばせるのが上手で、ファンが多いと思える人

馬車馬大賞

一年で最も頑張って働いたと思う人

新人大賞

新人スタッフで最も頑張った人（勤務1年未満の人が対象）

スーパー料理人大賞

この人の料理はピカイチと思える人

ベスト先輩大賞

こんな人になりたいと思う先輩スタッフ

ベストサポート大賞

いつも他のメンバーを助けてくれる優しい人

74 経営を「見える化」する

▼店舗別の損益を社員と共有する

中小企業の中には、店長会議などの資料に店舗別の損益が入っていない資料を配布している会社があります。しかし、これはよくありません。**店舗別の損益レベルまで開示しないと、経営者感覚の社員を育てることはできない**からです。

店長は経営者や経営幹部が言ったことだけをやればいいという社風では、社員はどんどんサラリーマン化していきます。サラリーマン化した店長は考える訓練ができていないため、変化の大きいこの時代に対応できません。

今、飲食店の店長には経営者感覚が求められています。どうすればお店の業績をもっと伸ばすことができるのか？　どうすれば人材が集まるお店になるのか？　そういったことを経営者と同じくらいの意識で考えられる店長が求められているのです。

そういった経営者意識のある店長を育てるためにも、まず会社はオープンに数字を開示するべきです。赤字店舗は、店長にもまずはその事実を受け止めてもらった上で、一緒に対策を考えていきましょう。

▼マーケティングに参画させる

これからは、店長の仕事の一つにマーケティングを入れることをおすすめします。マーケティングは経営者だけの仕事ではありません。どうすればお客様がもっと増えるのか？　どうすればもっと付加価値を高められるのか？　そういった難しい問題に店長を巻き込むのです。数字だけの会議でなく、そういったマーケティング会議をしましょう。それによって「考える店長」が育っていきます。

また、人はある程度、難易度の高い仕事でないとつまらなくなります。会社から言われたことだけをやっていればいいという社風の会社ほど、実は離職率は高いのです。店長や現場社員に、店舗限定メニューなどの自由裁量権を与えながら、売上アップなどの難しい問題を課していったほうが、当人たちもやりがいを感じるものです。

損益計算書を「見える化」する

店長会議資料

会議開催日 29. 10. 17

湖崎寿司 〇〇店 店

報告者 湖崎太郎

前月度報告

前月度着地予測

売上		21,454,036	100.0%
原価		9,332,506	43.5%
人件費		5,485,781	25.6%
社員		2,010,000	9.4%
P/A		3,475,781	16.2%
F/L合計		14,818,287	69.1%
粗利		6,635,749	30.9%
販売促進費		200,000	0.9%
求人募集費			0.0%
水道		142,000	0.7%
電気		339,000	1.6%
ガス		81,000	0.4%
消耗品費		850,000	4.0%
販売費計		1,612,000	7.5%
設備関連費		701,000	3.3%
その他経費		680,000	3.2%
初期条件		1,381,000	6.4%
本部経費		1,501,783	7.0%
各種経費 修繕や 販促や 物品購入 など すべてここに 打ってね	①	336,560	
	②	28,000	
	③	49,460	
	④	106,104	
	⑤	40,000	
	⑥		
	⑦		
	⑧		
	⑨		
各種経費合計		560,124	2.6%
本部負荷前		3,082,625	14.4%
営業利益		1,580,842	7.4%

事業計画

2009年1月		
売上	22,000,000	（千円）
原価	45.0%	%
人件費率	23.5%	%
営業利益	2,564,000	（千円）

予測実績

2009年1月		
売上	21,454,036	（千円）
原価	43.5%	%
人件費率	25.6%	%
営業利益	1,580,842	（千円）

計画と実績の差異

2009年1月		
売上	−545,964	（千円）
原価	−1.5%	%
人件費率	2.1%	%
営業利益	−983,158	（千円）

昨年実績

2008年1月		
売上	22,167,000	（千円）
原価	41.9%	%
人件費率	24.6%	%
営業利益	3,157,000	（千円）

対前年度差異

2009年1月		
売上	−712,964	（千円）
原価	1.6%	%
人件費率	1.0%	%
営業利益	−1,576,158	（千円）

【経費内訳】

	経費の内容	金額（千円）
①	テイクアウトチラシ関係	336,560
②	ネタケース修理	28,000
③	カウンター給湯器メンテナンス	49,460
④	年末販売テント	106,104
⑤	タウンワーク掲載料金	40,000
⑥		0
⑦		0
⑧		0
⑨		0

【前月度に関する報告】

店舗間交流の目的もあり、一部人の異動が頻繁です。
これをいい機会として、社員個々の仕事の幅を広げる動機づけに、と考えています。

年末・不況という流れの中で、世の中にも活気が無い中、消費の抑制傾向も強く、年末から正月にかけては、家庭で団欒→消費の抑制、といった図式が強く予想されます。

しかし、宴会需要などをみていると、やはり「楽しみ」を求めている姿は見え隠れしていますので、鮮魚やマグロの解体ショーなども利用しつつ、常に活気と楽しみのある店内をつくっていくことが、お客様の来店動機にもつながることは間違いないとみて、それに向かって行動します。

今月度報告

今月度着地予測

売上		16,660,000	100.0%
原価		7,247,100	43.5%
人件費		4,810,000	28.9%
社員		*2,010,000*	*12.1%*
P/A		*2,800,000*	*16.8%*
F/L合計		12,057,100	72.4%
粗利		4,602,900	27.6%
販売促進費		200,000	1.2%
求人募集費			0.0%
水道		200,000	1.2%
電気		330,000	2.0%
ガス		80,000	0.5%
消耗品費		400,000	2.4%
販売費計		1,210,000	7.3%
設備関連費		701,000	4.2%
その他経費		680,000	4.1%
初期条件		1,381,000	8.3%
本部経費		1,166,200	7.0%
各種経費 修繕や 販促や 物品購入 など すべてここに 打ってね	①		
	②		
	③		
	④		
	⑤		
	⑥		
	⑦		
	⑧		
	⑨		
各種経費合計		0	0.0%
本部負荷前		2,011,900	12.1%
営業利益		845,700	5.1%

事業計画

2009年2月		
売上	17,000,000	（千円）
原価	45.0%	%
人件費率	28.6%	%
営業利益	556,000	（千円）

予測実績

2009年2月		
売上	16,660,000	（千円）
原価	43.5%	%
人件費率	28.9%	%
営業利益	845,700	（千円）

計画と実績の差異

2009年2月		
売上	−340,000	（千円）
原価	−1.5%	%
人件費率	0.3%	%
営業利益	289,700	（千円）

昨年実績

2008年2月		
売上	17,468,000	（千円）
原価	45.3%	%
人件費率	25.6%	%
営業利益	900,000	（千円）

対前年度差異

2009年2月		
売上	−808,000	（千円）
原価	−1.8%	%
人件費率	3.3%	%
営業利益	−54,300	（千円）

【経費内訳】

	経費の内容	金額（千円）
①		0
②		0
③		0
④		0
⑤		0
⑥		0
⑦		0
⑧		0
⑨		0

【今月度に関する報告】

客単価の低下、原価の悪化は景気や値引き分も確かにありますが、一番大きな問題はレーン構成がマンネリしていることだと思います。
早急にレーン構成を分析し、微調整をかけます。

人売については、来期の体制を見据えた中で、無駄をなくしていきます。

POINT

店長会議の資料。先月と今月の着地予測を店長自ら行なう。
会議では、本部で出した数字のズレなども確認し、損益ベースまで計算させることで数字意識を高める。

75 異常値を見逃すな

▼売れている商品は他でも売れる

例えばチェーン店で新商品を発売すると、ある店舗では大いに売れて、他の店舗ではあまり売れないということがあります。これは立地環境や販売努力が影響していることもあります。しかし、**ある店舗で爆発的に売れた商品（＝異常値）は、実は他店でもある程度売れる**のです。

どんな商品でも、店舗の立地環境や販売努力によって出数は左右されます。しかし、それだけではありません。ヒット商品はたまたまヒットしたのではなく、多くのお客様がそれをほしいと思ったから、買ったのです。商品そのものが魅力的だったのです。ここに着眼するべきです。

多くの飲食店はこれをたまたまだと言って、見逃しています。しかし、その魅力的な商品は他でも売れる可能性があるので、全店で売るべきなのです。全店でそのヒット商品を販売すれば、全店の売上の底上げにつながります。そのためにも、会社は異常値があったときに見逃してはいけません。それこそがチャンスロスなのです。

▼どんなものにも異常値は存在する

販売数だけでなく、お店そのものの売上や利益にも異常値がないか、まずは探しましょう。自社と同一業態でスーパー繁盛店があれば、積極的に見に行って分析しましょう。そこには圧倒的に売れている何かが必ず存在します。

集客イベントでも、異常に流行っている企画はないか探します。東京や大阪の百貨店では、北海道物産展が大人気です。北海道の食材や食品は、おいしいイメージが浸透しているので、それなら一度行ってみようかとなりやすいのです。飲食店でも北海道フェアは多くのお店で人気の企画となっています。

今まで一番当たった販売促進は何か、今まで一番売れたフェア商品は何か、それをもう一度棚卸してみましょう。今はやめていても、もう一度販売すればヒットする商品があるかもしれません。

異常値を見える化する

焼鳥	商品名	出数
	おまかせ8本	36本
	おまかせ5本	19本
	豚串	134本
	鳥串	136本
	アスパラベーコン	48本
	もちベーコン	67本
	砂肝串	63本
	皮串	58本
	つくねチーズ	85本
	つくね	38本
	なんこつ串	32本
	トントロ串	61本
	うずら串	35本
	手羽先串	21本
	つくね梅しそ串	32本
	つくねタレマヨ串	11本

POINT

居酒屋の焼鳥部門の出数。つくねを合計すると、166 本となり一番出ている。このお店では、つくねが最も支持されているのではないかという仮説が立てられる。

さらに出数を伸ばすために、つくねの品揃えを増やしたり、メニューブックで目立たせたりするとよい。

76 お客様の声を共有しよう

▼お客様の声を「見える化」する

アンケートなどを通じてお客様の声を集めているお店は少なくないと思いますが、はたしてそれをお店のスタッフと共有しているでしょうか?

店長や会社だけがそれを見ているのでは物足りません。お店で働く社員やパート・アルバイトにもその声を共有しましょう。なぜなら、それが自分たちの仕事の評価だからです。**自分たちが仕事をしたことに対して、お客様はどういう評価をしたのか、一生懸命なスタッフほどそれを気にしています**。

覆面調査などを入れて、定期的にQSCの評価をしているお店もあると思いますが、私がおすすめするのはあくまでお客様の生の声です。覆面調査では、そのときの調査スタッフの主観的な部分が結果に大きく影響してしまいます。

それに比べて、お客様の声は1人2人ではなく、1カ月もすれば何十、何百の声を集めることができ、その傾向を知ることができます。また、アンケートのタイトルに「**あなたの本音を聞かせてください**」などと書くと、お客様は割と正直に書いてくれます。それをスタッフと共有して、お店の改善に役立てましょう。

以前、あるそば店では、本音アンケートを実施してすぐにあることがわかりました。それは、店内を禁煙にしてほしいという声がかなり多かったのです。それまではごく一部の意見だろうと思って実施してこなかったのですが、多くのお客様が隣でたばこを吸われることを嫌がっていたのです。

▼実感が伴わないと気づけない

お客様に対してはもちろん、五感刺激で印象づけをしていきますが、スタッフに対しても五感刺激です。お客様の声を突きつけることで実感することができます。それを見せずに会社がこうしろ、ああしろというだけでは、本当にそれをしたほうがいいのか納得できません。お客様アンケートに複数こう書かれている、その事実を見せた上で、今後はこう改善していこうというのが実感の伴う正しいやり方です。

お客様の声を「見える化」する

あなたの**本音**を
聞かせて下さい☆

ご記入頂いたお客に
抽選で
毎月10名様に
1,000円分の
お食事券を
プレゼント★

ご来店ありがとうございます。私達、スタッフは、日頃から**「どうすればお客様に喜んで頂けるか？」**という事をミーティングで話し合っております。そこで、是非皆さんのお声を聞かせてもらえないでしょうか？
お叱りのお言葉でも結構です！当店が更に良くなる方法を教えて下さい！ご協力宜しくお願いします！

本日の満足点は？（100点満点）　□ **点**

〇〇通信簿　（〇で囲んで下さい。）

	満足	やや満足	普通	やや不満	不満
①お料理の美味しさは？	5	4	3	2	1
②お料理のお値段は？	5	4	3	2	1
③従業員の気配りは？	5	4	3	2	1
④店内の雰囲気は？	5	4	3	2	1
⑤またご来店頂けますか？	必ず来る	また来たい	来るかも	来ないかも	もう来ない

本音で一言お願いします！！

ご来店日時　月　日　曜日　時　分頃
ご来店時の人数　人
お名前　性別　男・女　年齢　歳
ご住所

アンケートにお答え頂いたお客様の中から抽選で**毎月10名様に1000円分のお食事券をプレゼント**致します。

※ご記入頂きました個人情報は、当店の特別クーポンの為にのみご利用させて頂きます。

POINT　本音アンケート。このように表現すると、いい意見だけでなく、厳しい意見も書いていただける。

77 五感の磨き方、それは一流を見ること

▼一流を知らないと今のレベルに気づけない

以前、あるセミナーに参加した際、その会場で10万円のスピーカーと100万円のスピーカーを聞き分ける実習がありました。いわゆる一般的なセミナーでは、10万円レベルのものが使われているらしいのですが、私が参加したそのセミナーでは、わざわざ100万円のスピーカーを使っているといいます。

10万円のスピーカーでも普通に音は聞こえます。しかし、100万円のスピーカーは低音までしっかり拾っていて、いくつもの音が重なり合って、五感に響く感じがするのです。そして、そのセミナー講師が言うには、長時間聞いていると安いスピーカーは耳が疲れるということです。

いいものを見ると、その下のもののレベルがわかるようになります。よく舌の肥えた人は、「このお店は繁盛しているけど、味は普通だね」と言ったりします。これは実際、当たっているのです。高級店をよく利用する舌の肥えた人は、味のレベルをすぐ理解できます。

しかし、すべての人に当てはまることではありません。高くておいしい料理を食べないと、その料理の味のレベルが高いか低いかはわからないのです。だから普通くらいの味でも繁盛するのです。

▼少し上のランクの繁盛店に行く

飲食店の経営者及びマネージャーにおすすめしたいのは、**自店よりも少し客単価が上の繁盛店に行くこと**です。例えば、客単価2000円の居酒屋なら、あえて3000円のお店に行く。そしてそのレベルの味やサービスを体感し、それよりも安い自店でも、そのレベルのことができないかを考えるのです。

「うちよりもここは高いから、参考にならない」ではいけません。うちよりも高いからこそ、付加価値のつけ方や表現方法が学べるのです。それを安い自店でやることでお客様は驚き、お店に流れ込んでくるのです。今の居酒屋業界の勝ち組は皆、そうです。3000円の大手居酒屋チェーンから2000円の勝ち組居酒屋がお客様を奪ったのです。

一流のものに触れよう

- プロスポーツの観戦をする
- 売れている歌手のコンサートへ行く
- 客単価1万円以上の高級店へ行く
- 高級車の試乗をする
- 世界有数のマーケッターの本を読む
- 日本トップクラスの大企業の社長の講演を聞く
- 3ツ星ホテルに宿泊する
- 世界的画家の絵を見に美術館へ行く

etc.

POINT 自店以上のレベルのものに接することによってのみ、五感の感度は高められる。

おわりに

飲食店のマーケティング本はこれまで多数出版されていますが、本書がどの本とも違うのは、「五感刺激」という手法で業績アップを達成するということです。販売促進の数を増やしたり、安売りをしたり、いい立地に出店したりといった類のノウハウではありません。

人間も動物であり、五感を刺激されると印象に残りやすい。五感刺激マーケティングは、こうした人間の根元的な特徴を利用した手法です。だから、どんな小さなお店でも取り組め、どんなお客様をも虜にするのです。

これまで日本の飲食企業は大きな間違いをしてきました。多店舗化を急ぐため、セントラルキッチンをつくり、オペレーションを簡素化し、安さで勝負するお店をたくさんつくってきました。

その結果、どうなったでしょうか？

価格競争をしてお客様を奪い合い、多くの大手飲食チェーンが業績不振に陥っています。売上が落ちてきたら、ＦＬコストを削減し、利益を捻出する。そして、大手チェーンが中小企業のビジネスモデルを真似し、駄目になったら違うビジネスモデルに転換する……。根本的な飲食店の魅力を追求するのではなく、儲かるビジネスモデルの真似を繰り返しているのです。

これでは永遠に強い飲食店はつくれません。

「お客様が興奮する、楽しいお店」こそが、長きにわたって繁盛する真に強いお店です。そして、その真に強いお店は、お客様の五感を刺激することで実現できます。

私たちの五感刺激の手法は、オープンキッチンやシズル感のある商品、目の前最終仕上げの接客などです。大手チェーン店などの超効率主義の会社には、実は真似しにくいものばかりです。

だからこそ、今取り組めば、〝その他大勢〟の飲食店から一歩抜け出せるはず。私は、五感刺激マーケティングこそが、飲食店にとって最強のマーケティング手法であるということを信じて疑いません。近い将来、この考え方、やり方が世界に広がるのではとさえ思っています。

本書でその重要性にいち早く気づかれた方は、ぜひこれに取り組み、100年続く繁盛店をつくっていってください。

最後までお読みいただき、誠にありがとうございました。

この本を出版するにあたって、編集の労をとってくださった同文舘出版の戸井田歩様、また成功事例などで多大なご協力をいただいた株式会社五感コンサルティンググループ代表取締役の高木雅致氏、同じグループで共に活動している藤岡千穂子氏、木下尚之氏、そして本書への事例掲載に快く応じてくださったクライアント企業様に心より感謝申し上げます。

2018年5月

株式会社フードボロス 代表取締役 湖﨑一義

読者限定特典のご案内

このたびは本書をご購入いただき、誠にありがとうございます。
「五感刺激マーケティング」をもっと深く理解したい方に、セミナー音声を収録したCDをご用意しました。皆様の業績アップのヒントにしていただければ幸いです。

無料進呈

著者 湖﨑一義のセミナーCD(50分)
『"五感を売る"一番商品戦略!』
(2017年10月開催のセミナーを収録)

このページをコピーして、そのままFAXしてください。

FAX申込用紙

FAX. 06-6889-3570
株式会社フードボロス コザキ行き

会社名	住所 〒	
ご氏名	お役職	TEL FAX
店舗数 店	業態(○で囲んでください) 居酒屋 寿司店 焼肉店 ラーメン そば・うどん イタリアン 他( )	

Q1	湖﨑の講習会・セミナーに関する資料を希望しますか?(○で囲んでください)	希望する 希望しない
Q2	湖﨑の個別経営相談を希望しますか?(○で囲んでください)	希望する 希望しない
Q3	湖﨑に質問したい内容をご記入ください。	

※メールでもお申込みいただけます(メールアドレス:info@foodboros.co.jp)。メールでお申込みの方は、件名に「読者限定特典の件」とご記入の上、上記必要事項を記載してご送信ください。
※頂戴した個人情報は、株式会社フードボロス及び株式会社五感コンサルティンググループの各種セミナー・サービスのご案内に使用させていただく場合がございます。適切な管理に努め、承諾なしに他の目的に利用いたしません。

著者略歴

湖﨑 一義（こざき かずよし）

飲食店専門コンサルタント、株式会社フードボロス 代表取締役、
株式会社五感コンサルティンググループ 取締役
株式会社船井総合研究所の飲食店グループチームリーダーを経て、独立。飲食店コンサルタントとして13年以上の経歴を持ち、これまでの顧問契約先数は100社以上にのぼる。クライアントの規模は、年商5,000万円の小さなラーメン店から年商350億円の大手チェーン店までと幅広い。北は北海道、南は沖縄まで毎月出張し、日本全国の繁盛店づくりに邁進している。顧問契約先の新店開発では、年商1億円以上のお店や営業利益率25%以上の繁盛店づくりを連発している。業績アップ支援では、お付き合い1年目でいきなり既存店全店が130%以上になった居酒屋などがある。「五感刺激マーケティングで100年繁盛店づくり」をモットーに、一過性で終わらない持続的な業績アップ手法を提案し続けている。

【お問い合わせ】
株式会社フードボロス　https://foodboros.com/
◎無料メールマガジン「飲食企業 奇跡のV字回復7つのメソッド」
https://foodboros.com/mailmagazine/

お客様の五感を刺激する！ **飲食店の繁盛アイデア77**

平成30年 5月31日初版発行

著　者 ―― 湖﨑　一義

発行者 ―― 中島　治久

発行所 ―― 同文舘出版株式会社

東京都千代田区神田神保町1-41　〒101-0051
電話　営業03（3294）1801　編集03（3294）1802
振替 00100-8-42935

ISBN978-4-495-54002-9
印刷／製本：萩原印刷　Printed in Japan 2018